资助项目:教育部人文社会科学研究项目"乡村振兴背景下矿粮复合区农户生计转型及生态效应研究"(21YJC630069)
仲恺农业工程学院湾港澳大湾区农产品流通研究中心

XIANGCUN ZHENXING BEIJINGXIA KUANGLIANG FUHEQU
NONGHU SHENGJI ZHUANXING YU SHENGTAI XIAOYING YANJIU

乡村振兴背景下矿粮复合区
农户生计转型与生态效应研究

李 争 著

中国财经出版传媒集团
经济科学出版社
Economic Science Press
北京

图书在版编目（CIP）数据

乡村振兴背景下矿粮复合区农户生计转型与生态效应
研究/李争著．－－北京 ： 经济科学出版社，2024.4
ISBN 978 - 7 - 5218 - 5747 - 4

Ⅰ.①乡… Ⅱ.①李… Ⅲ.①农户经济 - 转型经济 -
关系 - 农村生态环境 - 生态效应 - 研究 - 广东 Ⅳ.
①F327.65

中国国家版本馆 CIP 数据核字（2024）第 066488 号

责任编辑：李 雪 袁 澂
责任校对：杨 海
责任印制：邱 天

乡村振兴背景下矿粮复合区农户生计转型与生态效应研究
李 争 著
经济科学出版社出版、发行 新华书店经销
社址：北京市海淀区阜成路甲 28 号 邮编：100142
总编部电话：010 - 88191217 发行部电话：010 - 88191522
网址：www. esp. com. cn
电子邮箱：esp@ esp. com. cn
天猫网店：经济科学出版社旗舰店
网址：http：//jjkxcbs. tmall. com
固安华明印业有限公司印装
710×1000 16 开 15.5 印张 194000 字
2024 年 4 月第 1 版 2024 年 4 月第 1 次印刷
ISBN 978 - 7 - 5218 - 5747 - 4 定价：78.00 元
（图书出现印装问题，本社负责调换。电话：010 - 88191545）
（版权所有 侵权必究 打击盗版 举报热线：010 - 88191661
QQ：2242791300 营销中心电话：010 - 88191537
电子邮箱：dbts@ esp. com. cn）

　　随着我国城镇化和工业化的快速发展，大量的青壮年农业劳动力进入城市，加剧了农业人口的老龄化。相对于城市，部分地区乡村发展滞后，制约着农业现代化进程。农业、农村和农民问题是关系国计民生的根本性问题，随着农业现代化进入一个新的阶段，农村产业加速发展，农村新产业新业态不断涌现，农村基本公共服务也得到进一步提升。

　　但在我国一些地区，仍然存在着区域资源丰富但当地农户贫困的问题，矿粮复合区就是典型。矿粮复合区是指同时作为矿产主产区和粮食主产区的复合区域，在发展过程中由于内外部环境的影响导致其发展不可持续。矿粮复合区产业转型发展是一种必然趋势，而产业转型发展也关系着当地农户的生计发展。因此，农户生计转型发展的问题引起了国内外学者的广泛关注。在乡村振兴战略、精准扶贫等一系列政策推动下，如何在乡村振兴背景下保障矿粮复合区农户的长远生计安全，关系到该地区农村经济的可持续发展和社会的长期稳定。

　　据此，本书根据可持续性生计理论，选择广东省粤北地区典型矿粮复合区 DT 镇和 ZT 镇为研究区域，使用 AHP – 熵权法的综合评价等方法，建立农户可持续性生计资本评价指标体系，运用问卷调查方式收集农户生计信息，研究矿粮复合区农户对生态环境变化风险的感知机制、生计转型变化以及生态环境变化对农户生计策略的影响，并得出以下结论：

（1）矿粮复合区的农户对自然资本的依赖程度降低，受到城镇化和乡村振兴战略的影响，农户注重金融资本和文化资本的积累，以提高生计资本值。然而，自然资本的匮乏仍然存在一定问题，需要政府和社会共同努力来保护和恢复自然资源，确保农村地区的可持续发展。

（2）在纯农户向农兼户转型的过程中，文化水平、牲畜数量、住房情况、政策补贴和政策关注度是促进因素，政策满意度是阻碍因素。在纯农户向兼农户转型的过程中，文化水平、农户耕地面积和牲畜数量是促进因素，现金援助机会是阻碍因素。在纯农户向非农户转型的过程中，文化水平和住房情况是促进因素，农户耕地面积、农户园地和鱼塘面积以及现金援助机会则是阻碍因素。

（3）随着农户收入的稳步增长和对生态环境认知的不断深化，农户生计行为正在逐步演变为环境友好的模式，对生态环境的影响也呈现出积极态势。生态环境对农户生计转型的反馈主要表现为生态环境能够为农户提供各种生态系统服务，包括产品供给、水源涵养、水资源调控、土壤保护和改良、气候调节，等等。这些生态系统服务不仅为农户生计提供直接的物质支持，而且构建了农村地区的生态基础，在生态平衡和社会可持续发展方面发挥着重要作用。

（4）矿粮复合区农户生计转型的政策主要有发展多元产业，促进产业振兴；多层次培育人才，打造人才引擎；传承乡土情怀，构筑文化支撑；建设和美乡村，促进生态融合；创新治理效能，加强组织振兴。

本书研究成果一方面可以为完善产粮矿区乡村的乡村振兴策略研究做一些支撑，另一方面可丰富农户生计转型对资源环境与生态效应等方面影响的研究素材。

作　者

2024 年 3 月

CONTENTS ▷

目　　录

第1章 绪　　论

1.1　研究背景与意义

随着我国城镇化和工业化的快速发展，大量的青壮年农业劳动力进入城市，加剧了农业人口的老龄化。相对于城市，部分地区的乡村发展滞后，制约着农业农村的现代化进程。为此，我国大力推进"乡村振兴"战略，把"三农"问题摆在中心位置。2017年中共十九大正式提出实施乡村振兴战略，习近平总书记强调农业、农村、农民问题是关系国计民生的根本性问题，必须始终把解决好"三农"问题作为全党工作的重中之重。"乡村振兴"的实施到2020年已有阶段性成果，脱贫攻坚获得了全面胜利，当前标准下农村贫困人口全部脱贫，832个贫困县全部摘帽，12.8万个贫困村全部出列，农村绝对贫困问题得到历史性解决①。农业现代化进入了一个新的阶段，乡村产业加速发展，农村新产业新业态也不断涌现、蓬勃发展，农村基本公共服务也得到了进一步的提升。但即便如此，城乡差别依然十分明显，解决"三农"问题依然是我们所有工作的首要任务，提高几十亿农民的幸福感、获得感和安全感依

---

① 2021年习近平在全国脱贫攻坚总结表彰大会上的讲话。

然任重而道远。2023 年发布的《中共中央、国务院关于做好 2023 年全面推进乡村振兴重点工作的意见》指明了全面推进乡村振兴的重点工作，包括巩固拓展脱贫攻坚成果、推动乡村产业高质量发展、拓宽农民增收致富渠道等。

矿粮复合区是指同时作为矿产主产区和粮食主产区的复合区域，包含矿区内工业和农业生产及其他相关经济和社会领域，构成一个复杂的自然、社会和经济综合区。在工业化、城市化的过程中，我国农村劳动力由农业向非农业、由乡村向城镇转移，这是一个具有普遍性的自然历史过程。在这个过程中，农村各种可流动的资源和要素往往都是单向地向城市方向流动，尤其是流向具有极大集聚力的发达地区和中心城市。这推动了城市经济的发展，但也可能导致乡村的衰落（吴丰华和李敏，2018）。在我国一些地区，仍然存在着区域资源丰富但当地农户贫困的问题，矿物粮食复合区就是典型的例子（陈晓勇等，2017）。因此，在农户生计转型期，提前评估其对生态环境的影响，引导农户生计向环境友好型转型显得尤为重要。

生计是人类最主要的行为方式，它持续地驱动着人地系统的演变。与此同时，农户又是广大乡村地区最重要的经济活动主体和最基本的决策单元，其所采用的生计策略对生态环境有着深刻的影响。在发展中国家，农户的生计转型指的是农户赖以生存、生活的职业或产业的根本转变，这是农户对农业生产与农村土地的依赖性由强减弱的演化过程。与此同时，农户生计与生态环境之间的关系也是紧密相连的，生态环境为农户提供了生存空间和资源，农户生计活动反作用于环境，两者之间的关系很大程度上决定着乡村地域系统人地关系的导向。因此，实现可持续生计对提高我国农村地区居民生活状况、促进乡村可持续发展以及保护生态环境具有重要意义。

　　在乡村振兴战略、精准扶贫等一系列政策的强力推动下，农户生计资本的变化极其明显，如何在乡村振兴背景下保障矿粮复合区农户的长远生计安全，关系到该地区农村经济的可持续发展和社会的长期稳定。矿粮复合区的可持续发展会对农户生计状况产生影响，在乡村振兴背景下研究矿粮复合区农户生计转型影响因素和实现路径对当前农村发展具有一定理论和现实意义。

1.2　国内外研究现状与趋势

　　随着脱贫攻坚的全面胜利和全面建成小康社会第一个百年奋斗目标的如期实现，农业农村发展取得了历史性成就、发生了历史性变革，我国"三农"工作与乡村振兴真正进入了新时代，自党的十九大正式提出乡村振兴战略以来，学术界对于乡村振兴的研究不断丰富，从"三农"问题的不同切入点出发，分别对乡村振兴的产业、生态、乡村治理、文化建设等发展路径以及政策实施成效和测度等方面进行了分析研究。

　　而关于矿粮复合区的研究，学界主要集中在对乡村的产业结构调整以及农户生计问题方面。部分学者认为资源型地区的乡村产业可以较好地带动当地农村居民的就业，但资源型乡村的产业布局受到当地资源分布及存储状况的深刻影响，其分布特征呈现出一定范围内的非均衡性，且矿区开采作业也一定程度影响到周边生态环境甚至是当地农村居民的生产和生活。矿粮复合区在发展过程中由于内外部环境的影响导致发展不可持续，作为一个微观缩影，其产业转型发展是一种必然趋势。而产业的转型发展关系着当地农户的生计发展，因此，对农户生计转型发展的研究也引起了国内外学者的广泛关注，主要包括农户生计策略划分与变迁、农户生计策略变迁的影响因素与生成效应和农户生计资本变动规律与应对外部压力的农户生计策略响应机理等方面。

1.2.1　关于乡村振兴的研究

目前，我国经济发展步入新常态，农业发展的成本也越来越高，资源环境面临着严峻问题，传统粗放式的农业已经无法满足农业发展要求，伴随着人们生活水平的提升，消费者对于农产品的需求也发生了新的变化（王瑶，2023）。实施乡村振兴战略的意义在于有助于解决我国社会发展的主要矛盾以及完成推动乡村地区各方面全方位发展的主要任务（王小玲，2019）。

共同富裕是实施乡村振兴的行动指南，乡村振兴战略的目的是从农村的经济、生态、文化、社会政治等多方面进行发展和建设，以"生活富裕、生态宜居、产业兴旺、治理有效、乡风文明"作为总要求，而共同富裕总目标也具体体现在经济、政治、文化、社会和生态等方面，因此乡村振兴战略集中体现了共同富裕目标的价值诉求（马琳玥，2023）。在乡村振兴实践对农民生计能力的改善机制中，要充分发挥乡村资源禀赋的优势来提升农民生计能力，需要通过乡村治理水平的提升规避生计风险，并挖掘利用乡村的优势资源，进而促成农民的生计赋能（汪鸿波，2023）。但是农村居民很难适应现代化生产方式的转变和掌握先进的生产工具，这极大阻碍了农业现代化的进程，因此实施乡村振兴战略迫切需要农业技术型人才。

在实现乡村振兴的进程中，虽然目前取得了阶段性的成果，但我国农村发展仍然存在着一定的现实困境。以贫困化为主要特征的"乡村病"是当前中国乡村发展问题的集中体现，本质上是乡村地域系统发展演化过程中人文、经济、资源、环境等要素组合失调所引起的一系列不良表现，是乡村地域系统人地关系出现矛盾冲突的结果（郭远智等，2019）。而在巩固拓展脱贫攻坚成果同乡村振兴衔接过程中，既要借助建设主体延续脱贫攻坚中形成的科学发展思想与策略，鼓励建设力量有序转向乡村振兴实践，还要尽可能地发挥农民等多元主体的价值作用（王文彬，2023）。为乡村振兴培育一批爱农业、懂经营、会管理的高素质农民，是发挥农民多元主体价值作用的重要步骤，但在目前国内各种农民培训的现实案例中发现，农民培育方式不灵活且内容上也缺乏一定的科学性（张敬轩，2023），不同需求类别主体的指导性不足，严重制约了培育的质量。

如何实现乡村振兴这一议题也引发了众多学者的研究讨论，有学者在研究中指出乡村振兴应竭力推进县域新型城镇化以实现城乡融合发展，筑牢多元产业支撑的城镇化建设，为农民提供就近就业机会（韩广富和辛远，2023），同时要促进产业融合并着力推动农业农村现代化的发展，用现代农业科技助力农业转型升级，赋能农业发展以及强化农业方面的支持保护制度，以实现农业增效、农民增收为主要目标（赵小钥等，2023）。也有学者就数字经济背景下提出数字乡村概念，一方面，以数字经济赋能乡村三产融合发展，建立数字平台，如电商平台、在线旅游平台、数字文化产品平台等，将乡村地区的农产品、文旅产品推向市场，提升其市场竞争力，同时也可以为乡村地区带来更多的数字经济机会；另一方面，提供数字技术支持，包括数字化营销、数字化管理、数字化创新等，让乡村地区更好地融入数字经济，提升其一二三产业的融合发展水平，利用数字经济宝贵机遇将偶发性"流量"转化为常态化"留量"（赵小凤，2023；文丰安，2023；张晓岚，2023），最终能够达到为农民增收、实现共同富裕的目标。

1.2.2　关于农户生计转型影响因素的研究

随着工业化和城镇化的推进，农户生存环境发生了一定程度的变化，致使原本以农业生产作为主要生计方式的农民不得不转变自己的生计方式，而制约或推动农户生计转型的因素众多，当今学术界围绕农户生计变化、驱动机制及其影响因素等方面开展了大量研究。学者们基于调查数据将农户划分为纯农、兼农、非农等多种类型，剖析异质性农户生计资本整合的方向、强度及效益，分析农户的生计特征和生计转型的能力、意愿、策略及风险等（张仕超等，2018；王晗等，2021），研究发现农户生计演替过程既受自身结构性因素即生计资本禀赋的影响，也受外部因素的制约。

国外对于农户生计转型影响因素的研究中，有的学者将生计方式以农业和非农进行细化分类（Ansoms and McKay，2010），通过对制约要素和决定因素的识别和厘定进行研究（Alwang et al.，2006），也有研究发现经济活动会改变当地农户的生计方式，最大程度地利用其资源和资本要素进行劳动生产（Bury，2004）。在国内关于农户生计转型影响因素的研究中发现，生计资本存量及其组合状态是影响农户生计策略选择的关键因素，生计能力的强弱更影响农户最终实现脱贫致富概率的高低（王转弟等，2020），而农户生计转型主要受生态环境变化、生计资本变化以及制度政策变化等方面的影响。自然条件是影响农户生计方式选择的重要因素，也是影响农户生计方式变化的重要因素。但是，在激烈的环境变化的影响下，农户的生计资产和他们所处的脆弱环境都会产生巨大的变化，为了应对自然灾害、经济波动和政策变动等方面的冲击和风险，避免自己受到损害，或者把损失减少到最低限度，农户常常会改变自己原来的生计战略，从而实现生计的转变（张芳芳和赵雪雁，2015）。生态恢复政策在生态治理、生态恢复方面发挥着重要的作用，但是与此同时，它也降低了农户的有效耕地面积，改变了农户土地利用的空间格局，造成农村劳动力的剩余，并推动农村剩余劳动力向其他产业转移，对农户的生计产生了影响（杨世龙和赵文娟，2015）。生态补偿显著提高了农户生计资产，只有自然资产有所降低；并推动农民向非农业转型，从而提升了非农化水平（赵雪雁等，2013）。研究显示，如果由于成人发病率和死亡率上升，导致家庭失去了人力和社会资本，那么，农民就会更加依赖于自然资源（熊鹰等，2023）；另有研究表明，当农户拥有的自然资本减少或稀缺时，农户生计会转向二、三产业。

在研究方法上，大部分学者选择用赋权法将农户生计转型指标进行量化分析（纪金雄，2021），结合层次分析法（石若晗等，2023）或聚类分析法（陈卓和吴伟光，2014），通过生计资本扰动指数与增长指数来判断农户生计资本的整合强度，或以逻辑回归模型解释了影响农户生计转型各项影响因素的作用机理，如征地前后农户生计活动的回归分析（张银银等，2017），乡村旅游开发对农户生计造成的影响（陈佳等，2017），还有部分学者选择双重差分模型，如基于土地综合整治对农户生计恢复力的影响效应进行研究分析（吴诗嫚等，2023）。

1.2.3 关于农户生计转型的生态效应研究

在乡村地域系统人地关系日趋复杂的情况下，农户生计活动与生态环境之间的关系已成为生态效应研究的核心。学界就农户生计转型与生态环境主题的研究已取得一定成效，主要包括以土地利用为主的农户生计转型生态效应和以能源消费方式与效率变化为主的农户生计转型生态效应。在土地利用方面，农户会减少对林、草和湿地的开荒行为，甚至将土地撂荒，在一定程度上减轻了农业生产对地表覆被的破坏，从而促进了区域生态环境修复，推动了区域农户生活水平的提高以及生态环境的改善（王成超和杨玉盛，2010）。同时在劳动力限制下，农民将减少土地经营规模，并倾向于放弃全部或部分土地（李赞红等，2014；邵景安等，2014；李升发等，2017）。在能源消耗方面，随着农户生计策略的转型，农户的能源消费模式会随之发生转变，减少了对秸秆、树木、畜粪和草皮等免费生物能源的依赖。一般情况下，随着农户生计非农化、多样化水平的提高，会出现农户对商品性能源消费量逐步增加的态势，一定程度上促进了区域生态环境的修复（吴燕红等，2008）。

所谓生态效应，是在农户生计非农化转型过程中，生态环境退化度在逐渐降低，生态环境质量显著提升，农户生计方式转型主要通过对土地利用、资源消费模式以及生态系统产生作用，进而产生生态效应（叶文丽等，2023）。学者在研究中发现农户在生计转型过程中，对耕地、水域、草地和建筑用地的影响显著下降，而对林地和能源用地的依赖程度逐渐提高，生计转型促使农户对流域生态环境的影响程度显著减弱，即生计转型有利于流域生态环境的改善，产生正向生态效应（唐红林等，2023），也有学者认为农户生计与生态环境之间的复杂反馈关系处于动态变化之中，二者之间是相互影响的，农户生计策略转变对土地利用产生影响，而生计策略也会随着土地利用的变化转型（马聪等，2018）。

然而，已有研究仅限于基于调查资料的定性、静态分析，尚不完善。深化对农户生计演化机理和过程的认识，深入了解其对生态环境的影响机理和过程，以及把生态系统和社会经济系统之间的复杂内在关系有机地融合在一起，将有助于丰富和发展农户生计转变的生态效应理论和评估方法。

1.2.4 关于可持续性生计的研究

可持续生计是指农户为了满足自己可持续发展的需要而采取的谋生方式、方法、活动及其最终所获得的结果。在可持续生计的研究中，国外学者的前期研究主要从三个方面进行：概念内涵、分析框架的建立、生计分析法的实践运用。而国内学者主要在贫困群体生计资产分析、可持续生计的影响因素研究、可持续生计分析框架应用三个方面取得了积极的进展（肖祥，2017）。资源差异与社区基础是导致农户生计变化、社区影响的主要原因，因此，政府的角色、社区作用与农户的利益是旅游开发管理的核心内容，在旅游开发模式中，不同主体所发挥的多种价值可以保证乡村旅游的顺利开展，从而推动农户的生计转型与可持续的发展（陈佳等，2017）。部分研究发现，土地复垦并不一定会促进土地生态的恢复。相反，合理利用土地有利于水土保持和生态系统的稳定。而放弃土地管理并不一定会促进生态恢复，传统农业中采用的一些水土保持措施可以保护边坡免受退化（张佰林等，2019）。人类的生计方式不是固定不变的，他们总是与一定的生态环境、社会结构和族群文化相适应（吕俊彪，2003），农户获得的收入水平以及预期消费水平之间的偏离程度，成为农户生计转型的主要原因；而生计转型导致农户对自然界干扰程度的变化，也会对生态系统产生一定的影响，增加了生态系统不可持续性的风险（王成超，2010）。了解剖析农户生计脆弱性影响因子的作用过程能够为农户生计可持续发展提供科学的参考，而近期研究中有学者指出农户生计的脆弱性，农户的适应能力与敏感度受到耕地缩减面积、生态治理、邻里冲突、农业市场波动和农业支出压力等障碍因子的影响程度较高，劳动力投入方向和收入结构等的不同，使得不同类型农户群体的生计脆弱性存在着差异。

1.2.5 文献评述

综上所述，有关乡村振兴的研究成果丰富，涉足领域颇多，主要集中在经济、社会、文化、生态等多方面，通过乡村振兴战略的实施推进，我国在解决"三农"问题上已取得了阶段性的成就，现有研究中乡村振兴各个领域通过剖析农业农村农民发展现存问题及瓶颈所提出如三产融合、数字乡村等路径选择和对策建议为我国农业现代化进程做出了巨大贡献，但城乡差距仍然较大，乡村人才支撑不足等问题亟须解决，乡村振兴道路需要继续探索和完善。

国内外学者对于农户生计转型与生态效应评价的研究越来越丰富，主要集中在矿粮复合区对农户的生产、生活、生态及综合效应等不同视角和维度的评价指标体系研究等方面。大多数学者主要侧重于生计资本禀赋状况，认为农户的生计资产占有状况及其家庭特征是影响生计策略抉择的重要影响因素，并以农户不同生计策略类型为落脚点提出差别化政策建议。主要关注了矿区、资源型城市及普通村落的资源开发等，较少关注资源型村落农户生计转型以及矿粮复合区农户可持续生计转型。

根据已有研究，农户生计策略转型通常受到自身生计资本量及外部环境要素变化的共同作用，而外在因素一般通过改变农户生计资本而对农户生计转型产生影响。虽然目前国内外学者对农户生计变迁的研究已取得了较为丰富的成果，主要集中在退耕还林政策和土地流转政策两个方面，但对矿山粮食复合地区农户生计变迁角度下的生态效应，以及农户生计变迁的影响因素和影响机制尚无系统的理论探讨。此外，在进行土地整治的研究时，既要注意其可行性，又要注意其可持续发展，即既要注意经济效益，又要考虑资源、生态、景观和社会的不同效益，但运用可持续生计理论研究农户生计转变及其生态效应的理论分析比较缺乏。

基于此，本书将通过乡村振兴视角分析我国矿粮复合区发展现况及问题，并以可持续生计理论作为理论依据，构建可持续农户生计资本指标体系，以矿粮复合区农户生计资本调研数据进行量化分析，并参考借鉴生计资本理论提出分析我国矿粮复合区农户生计转型的研究模型。

1.3　资源型乡村的现实困境与振兴需求

1.3.1　产业结构单一，再就业困难

在我国数量众多、类型多样的乡村中，资源型乡村是一个较为独特的区域，其生产、生活方式深受资源开采业的影响，农业产量只占很小的比重，而且由于资源枯竭，面临着转型的压力。相对于传统农村，资源禀赋型农村实现"三农"目标，必将面对更加严峻的挑战和现实困境。

资源型乡村一般可划分为自然资源型乡村和社会资源型乡村，较为常见的是分布在资源型城镇周围区域经过拓展而形成的乡村。随着新工业的发展，大量人口被吸引过来，从而形成了"村庄"。农业的基础地位受到影响，农业产量在国民经济中的比重不断下降，特别是第二种类型的资源型乡村，从其成立之初，就起到了为资源城市建设提供服务的作用，这就注定了农业生产只是一个辅助行业，农业收入一直处于次要地位。在现实生活中，一些村民依靠自己村里的资源生产企业生存，如果企业不能正常运作，将导致

大批农民失业。另外，由于产业结构单一，还没有形成可供选择的产业，许多农民再就业非常困难，这将导致严重的社会问题，而仅仅依靠农村有限的财力和不健全的社会保障制度，无法解决这些问题。

在地理位置上，大部分资源型农村都远离交通干线、都市区和经济活动区，由于其地理位置的边缘性，再加上落后的交通、通信等基础设施，他们难以与外面世界进行经济和文化的交流，外部的生产要素和文化也难以有效地进入，因此，资源型农村由于与外界的经济和文化隔绝而形成了一个相对封闭的地区。资源型农村经济结构单一、低级化、刚性化，资源型工业相对优势使各类经济要素在资源领域内发生"放大效应"，从而造成资源型工业系统内的恶性循环和产业分工的僵硬。资源型工业的特点、资源型地区的资本形成与积累机制、创新抑制等因素，也造成资源优势对资源型地区经济发展的逆向影响。同时，资源型工业对自然资源的开采和加工常伴随着环境的负外部性，也就是资源枯竭，对环境造成污染。

资源型地区的重点投资方向主要集中在矿产资源方面，这导致了该地区的经济增长呈现出低效率、低增长的粗放式发展特点，经济增长的质量和效益都不高。长久以来形成的惯性发展思维，让人们对第三产业特别是对旅游业的扶贫作用没有充分的认识。另外，在经济发展的过程中，对生态环境的破坏，不仅给当地带来了巨大的经济损失，而且对一些资源型地区旅游环境产生一定的破坏，给当地的旅游业和旅游业的扶贫发展带来一定的负面作用。此外，还存在着自然生态环境的限制。部分地区的发展长期依靠资源、能源，导致自然生态环境较为恶劣。此外，由于地理位置比较偏远，交通条件欠佳，青壮年农村人口外迁等原因，给该地区利用第三产业发展来帮助农民增收带来了诸多限制，比如可进入性差、旅游旺季时间短、旅游人才匮乏等。

1.3.2 资源枯竭，环境恶化

资源型乡村指的是以当地丰富的自然资源为基础，通过开采和加工而发展起来的一种乡村，其中，资源型产业所占的比例很大，整个社会的组成和发展也离不开资源型产业。而资源型农村从一定程度上来说，就是一种工业主导型的农村。但是，它的工业基础并不是逐渐形成的，它取决于当地自然资源的开发规模，其中的关键在于国家的政策支持。国家政策的扶持，使蕴藏着丰富资源的区域快速建立起来，并在短时间内形成一种以工业为主导的单一结构。当资源发展的规模越来越大时，这一简单的产业结构就会对周围区域的产业产生吞噬作用，导致了资源型乡村越来越趋向于一种单一的产业结构，并且还在不断地被加强，由此出现了一种发展不平衡的工业模式，也就是某一行业出现了反常的繁荣，而其他行业不断衰退（李伟峰，2021）。产业结构不平衡具有发展潜力弱、过度依赖国家政策支撑等天然弱点，当自然资源耗竭时，其转型难题和可持续发展问题日益凸显。在后工业时代的转型发展过程中，由于缺乏人才、资金、技术和政策等方面的支撑，农村落后的产业结构对土地和资源过分依赖，也逐渐演化成了阻碍农村创新发展的"瓶颈"。在开发过程中，如果没有对该区域进行科学的规划，就会对该区域的水源、土地等造成一定的污染，从而影响到农村的生态环境，自然资源终究会枯竭，资源的开采及其加工产业也必将完成使命而终结。

采矿产业虽然能在短期内提高农民的收入，但也加剧了资源型乡村内部的差距，与此同时，采矿活动对农民的健康和生存环境产生了负面影响，对其今后的生计行为产生了不确定性（陆继霞，2014）。特别是对那些贫穷的农民而言，今后的可持续生计所面临的挑战更大，弱势的农户一直处于被牺牲的"局部"，继而陷入"生存困境"（张绪清，2014）。还有学者提出"资源诅咒论"，"资源诅咒"理论中最主要的就是生态环境的退化，矿产资源开采给生态环境带来了很大的压力，在矿山中形成了大量的采空区、地质灾害和土壤侵蚀等问题。因为它的生产工艺比较落后，所以在生产过程中会释放出大量的烟尘、粉尘和固体废弃物，使得当地的大气、水和土地资源都受到了严重的污染。而随着生态环境的不断恶化，给当地人们的生产和生活带来了难以估量的负面影响（鲁金萍，2009）。在我国农村地区，资源型的农村生态环境问题是一个多方面、多因素的复杂的过程。多方面、多因素指在矿产的开采、加工、储存、运输和燃烧利用的整个过程中产生的环境问题。"多因素"是指环境问题的产生与技术、资金、管理方式、政策导向、理念等。从矿区的分布情况来看，富矿区常为贫水区。随着矿产资源开采强度和扩展速率的持续增加，地下水水位会较大幅度地降低，造成水资源短缺问题，进而对当地居民的生产、生活造成很大的影响。

1.3.3　空间布局混乱，产业结构失调

产业的发展离不开土地，农村用地的效率和集中程度远不如城镇用地。随着农村土地资源的不断开发，农村土地资源的问题也日益凸显出来。伴随着城乡发展的两极分化，农村地区的劳动力进入城市务工的数量不断增加，而老人和小孩则被留在了家里，承包的耕地被逐渐荒废，并且耕地的质量也在逐渐下降，这对耕地的生产效率造成了很大的影响。在土地初步分配承包时，由于不能平均分配，耕地面积与家庭劳动力不匹配，且村庄的建设开发具有自发性，住宅用地全部从耕地中"扣减"，这种"自主性"造成了农村

聚居区的建设秩序混乱，使得一些社区周围的耕地得不到有效利用，造成了大量的土地资源浪费。由于大多数乡村没有进行过统一的规划和建设，这些村庄的土地呈现碎片化的状态，破坏了乡村土地的整体性，阻碍了农业机械化生产，使得农业生产效率低下。在农村产业升级和转型的过程中，农村的建设用地指标是有限的，但农村建设用地流转流程烦琐，产权关系复杂，市场空间相对狭小，这是农村产业结构失衡和土地生产要素流动受阻的主要原因。尤其是在具有产业转型发展区位优势、可享受城市资源辐射的城市边缘地区，由于其自身存在建设用地短缺、土地使用效率低、与城市发展脱节等问题，严重制约着"三产融合"的发展，使得农村劳动力、土地、资本等要素难以有效导入，致使农村产业市场不完善，农村产业发展受到更大阻碍。

在某些地区，矿粮复合区的规划与评价不够完善，造成了资源与农业生产空间的矛盾。我国部分粮食、矿产资源复杂的地区，矿产开发对耕地的占用，造成了耕地资源损失与农户生计损失，从而造成了区域空间分布不合理。与此同时，还存在着基础设施建设不够完善的问题，某些粮食、矿产复合区的基础设施建设相对滞后，交通、供水、电力等基础设施不够完善，对该地区的总体发展造成了不利影响。而产业结构失调是矿粮复合区发展中的另一个问题，在三次产业协同发展的进程中，三次产业发展的速度和水平各不相同，劳动力的分布、产值和投资水平也各不相同。与之相比，第二产业，尤其是农村工业发展速度最快，但第三产业发展过慢，在产值、吸纳劳动力等方面，第三产业不仅落后于第二产业，而且落后于第一产业，所以，并没有形成农村三次产业协调发展的合理产业结构。

矿粮复合区往往以矿产资源开发为主导，农业产业发展相对较弱，农民收入来源单一。这就造成农民对农业投资的缺乏，从而造成农业生产的滞后性。但同时，由于粮食、矿产品等对矿产资源的过分依赖，当矿产品开发强度下降甚至耗尽时，粮食、矿产品等行业将会面临很大的产业结构调整难度，经济转型的压力也会加大。大量的农村工业企业是"短缺"经济的结果，在目前市场上需求不足的问题非常严重的情况下，如果不进行结构调整，就很难实现长期的发展。此外，科技含量低、人才缺乏、管理不善等问题也一直没有得到解决。

1.3.4 农户生计状况脆弱，亟待优化

在矿粮复合区，农户的生计状况往往较为脆弱，需要采取措施来优化他们的生计条件。由于矿粮复合区的特殊性质，农户在经济来源上存在单一性。他们通常依靠农业生产作为主要的收入来源，而农业收入受到天气、市场价格波动以及农业技术水平的限制，其稳定性和可持续性较低，使得农户在面对自然灾害、市场风险和价格波动时更加脆弱，容易陷入经济困境。与此同时，矿粮复合区的农户也面临土地资源的局限和压力。由于矿业开发的需要，一些农田被占用或受到污染，导致农户的耕地面积减少，农业生产受到限制。这进一步加剧了农户的生计脆弱性，需要寻找替代性的收入来源和就业机会。

现行的生态保护红线划定使得生态保护与经济发展存在一定冲突。大部分矿粮复合区都是生态问题与贫穷问题交织在一起的地区，发展与保护的矛盾已经非常突出。生态保护与经济发展之间存在矛盾，容易产生"扭曲效应"，进而影响到红线的实施，影响该地区的经济和社会的可持续发展。而农户大多具有规避风险的心理，对于未来收益的不确定性，很难进行生态移民，因此，在外打工就成了他们的主要收入来源。没有外出打工的劳动力的家庭，就

只能靠退耕还林补贴、生态效益林小额补偿和贫困政策兜底，生活困难。然而，由于资源禀赋、交通、环境等因素制约，农户普遍存在"靠山吃山，靠水吃水"的观念，导致其产业转型困难，增收渠道狭窄，尽管已有了一些初步的认识，但是，在追求生存与发展的过程中，他们的不满情绪越来越多。

矿粮复合区的基础设施建设相对滞后，给农户的生计带来了困难。由于交通不便、电力供应不稳定、缺少现代化农业设施等因素，农户的生产和经营活动受到了制约。农民很难及时得到市场信息，也很难得到农业技术上的支援，不能最大限度地发挥自己的潜能，提高自己的生产力，增加自己的经济效益。除了生活和生产所需要的之外，农户的文化程度和技能水平也比较低，他们缺少现代农业技术和管理知识，这制约了他们在农业生产中的创新能力和竞争力，不能适应市场的迅速变化和经济的转型升级。为此，迫切需要对农民进行农业技术培训，增强其经营管理能力和营销意识。

1.3.5　乡村振兴的现实需求

乡村振兴战略的实施要推动两个融合，一个是乡村一二三产业的融合，另一个是城乡的融合，即县域、城镇与乡域、村域的融合。一二三产业结合，就是要突破传统的思维方式，走产业链的发展道路，有相应的服务业、加工业，等等，而不是单纯的农业生产。城乡的融合则需要构建城市更新的一体化发展机制与市场服务体系，坚持以城带乡，社区治理，消费帮扶，以需促产，品牌兴业，实现乡村振兴与共同富裕。

乡村振兴需要合理且可操作性强的规划。乡村振兴是一个复杂而具体的社会系统工程，涉及乡村经济基础和上层建筑的各个领域、各个层面、各个专业，需要一个全面务实可行的乡镇、村详细规划。

编制一个立足全局、切合实际、科学合理的乡村振兴规划，有助于发挥县域融合城乡的凝聚功能，统筹城乡生产、生活、生态空间，切实构筑城乡要素双向流动的体制机制，培育发展动能，实现农业农村高质量发展。制定出台乡村振兴规划，既是实施乡村振兴战略的基础和关键，又是有力有效的工作抓手。在规划人才方面，乡村振兴镇、村详细规划除了示范镇、示范村的规划是由区县专业技术人员完成的以外，其他都是由乡村干部实施规划。乡村干部受专业水平的限制，对专业术语、预算测算、勘测仪器与工具、评估论证程序等都不了解，所以，整个乡村振兴规划的制定和实施甚至最终的成效存在诸多不足。

乡村人才短板突出表现为乡村人气不旺、乡村人才队伍不强、乡村吸引力不足。不少地方在制定人才政策时较为笼统，缺乏针对性。新型职业农民等人员也常受身份限制，在工伤认定、社保参保、职称评审等方面与个人期望还有不少差距，间接影响了人才选择和从事乡村振兴工作的现实需求，进而导致乡村振兴规划人才缺乏。推进乡村全面振兴，必须破解乡村发展的人才瓶颈制约，促进各类人才投身乡村振兴，形成全方位、多层次的乡村人才队伍结构。

乡村振兴需要一支能吃苦耐劳的农业科技服务队伍和健全的农业科技服务体制。乡村振兴的关键是振兴产业，建立农民增收长效机制。"科学技术是第一生产力"，产业振兴和农民增收的关键是农业科技的推广与应用，实现农业农村现代化。农业科技人才是乡村振兴的生力军，西部农业和农村经济之所以落后，很重要的一个原因是科技兴农没有落实到位，停留在文件上，农业服务推广体系"线断网破人散"的现状没有得到根本性的改变。因此，农村的农业科技队伍"机关化、老年化、非专业化"现象突出，表现为队伍庞大，拿工资的多，懂业务的少，吃苦耐劳能真正为农民服务的更少。乡村振兴必须重视农业科技人才的开发与利用，强调农业科技队伍的知识更新教育，健全农业服务推广体制，乡村振兴才有依靠和支撑。

乡村振兴需要一大批农村劳动力和农村发展管理人才。乡村人力资源和人才流失严重已经成为乡村振兴的基本问题。由于大量青壮年外出务工经商，"60后""70后"出生的人成为农业生产的主力军。乡村振兴最需要的就是农民生产生活生存条件的改善，水电路等基础设施不断完善，以及农村劳动力富余和高水平的农村发展管理人才，因此，面对这些问题，需要从完善顶层制度入手，持续健全各项惠农、扶农政策措施，持续改善乡村农业兼职化、农村空心化、农民老年化这一社会结构。

同时，我国农村职业教育价值观并未完全成形，部分地区仍存在因循守旧、规避风险从而延续传统农作方式的特点，许多年青一代的农民和接受过高等教育的大学生选择留在城市，不愿回乡建设，存在轻农心理，导致人才队伍更新速度慢。许多农村地区对农民的培养意识薄弱，对职业技术培训更是了解甚少，父辈代代相传的农业种植、养殖技术仍是以家庭职业教育为重心，乡贤回流难度大。此外，由于当地政府和农业院校提供的培训教育具有区域性特征，培养出来的高素质农民大多会顺势留在当地就业，对农村区域经济发展仍未形成强大推力，进而影响乡村振兴的实际成效。

第2章 矿粮复合区的特征与问题

2.1 矿粮复合区的概念与特征

2.1.1 矿粮复合区概念

2005年9月21日至22日，中国矿业大学的胡振琪教授在中国科学技术协会举办的第99次"青年科学家论坛"中首次提出了矿粮复合区的概念（胡振琪等，2006）。他从功能视角出发，将矿粮复合区定义为一个同时具备粮食生产和矿产资源生产的双重职能的区域。这种区域不仅要负责粮食的生产和输出，还要负责矿产资源的开采和输出。由于矿产资源开采带来的负外部性，该区域通常面临着严重的环境污染问题和社会矛盾（宋振江等，2015，2016）。

如图2-1所示，在后续研究中，学者们对"矿粮复合区"的概念进行了进一步阐述。部分学者将其定义为主要矿区和粮食生产区的交汇处（李园园，2011），强调由于矿业活动导致耕地环境和形态受损，使其成为脆弱的生态系统。其余学者在综合"矿—粮复合区"和"矿产—粮食复合主产区"两个概念后，提出"矿粮复合区"可以作为两者的简称,特指矿产与粮食分布的复合区域(赵晓霞等,2014;李晶等,2008)。此外,研究中还出现了如"矿农复合区""矿农集聚区"等多种名称,本质上均指资源开采与农业生产的复合区域(孙曦亮,2019)。

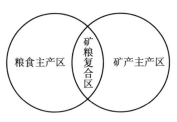

图 2 - 1　矿粮复合区界定

总的来说,矿粮复合区作为矿产资源和粮食主产区的复合区域,既被视为粮食主产区,又是矿产资源主产区。该矿粮复合区在地区经济发展中扮演着核心角色,同时对国家粮食安全和能源安全具有重要影响。该区域不仅负责开采矿产资源,还承担着保证粮食产量和质量的重要职责。这一区域的发展策略直接影响着环境保护和生态安全问题,是中国社会和经济发展的关键领域。因此,对矿粮复合区的可持续管理具有战略意义,其对确保社会整体安全和环境可持续性至关重要(魏秀菊等,2008)。

2.1.2　矿粮复合区特征

(1)客观性。

矿粮复合区作为一个独立的生态系统,其发展和变化不仅受限于内部因素,同时受外部环境的影响。随着全球对粮食和矿产的需求不断增长,这些区域的生态环境遭受重大挑战。这种环境恶化是一个客观存在的现象,与人类活动紧密相关,其变化趋势和模式可以通过科学方法进行预测和分析。

（2）整体性。

矿粮复合区的生态平衡是由自然、社会、经济和生态四个子系统共同维持的。这些子系统之间存在着复杂的相互作用关系，既有依赖又有竞争。人类的干预行为对这一平衡产生了影响，导致了资源的过度开发和生态的破坏。因此，矿粮复合区的整体性要求人们在进行资源开发和生态保护时，必须考虑到所有相关子系统的相互影响。

（3）动态性。

矿粮复合区的特点是随时间推移而不断变化。由于人类对资源的需求随社会发展而变化，导致矿区和粮区的开发策略也在不断调整。特别是当外部干预超过生态系统的自我调节能力时，可能会导致生态平衡的严重破坏。因此，理解和预测这种动态变化对于有效管理和保护矿粮复合区至关重要。

（4）系统性。

矿粮复合区的运作是一个高度有序和系统化的过程。矿区与粮区之间的互动不仅是简单的物质交换，更是包括社会、经济、环境等多个方面的互动。这种系统性意味着任何单一领域的变化都可能引起整个系统的波动，因此在制定相关政策时必须考虑到这种复杂的系统性。

（5）区域性与层次性。

矿粮复合区因其地理位置的多样性而展现出鲜明的区域性特点。不同区域在自然环境和社会经济发展水平上存在差异，导致了矿产与粮食生产方式及水平的不同。例如，资源丰富的区域可能更侧重矿产开发，而土地肥沃的区域则适宜农业生产。这种区域差异性要求人们根据各区域特点和条件，制定符合当地实际的发展策略和管理措施。同时，矿粮复合区的层次性是根据区域资源和用途，人为划分功能区域。例如，把矿粮复合区划分为矿产开采或粮食生产区。矿粮复合区的层次性不仅体现了复合区在价值利用和功能上的多样性，还为管理这些区域的复杂性提供了关键视角，针对不同层次的区域，实施差异化管理策略，以优化资源利用，推动可持续发展。

（6）影响深远性。

矿粮复合区的开发和管理决策对未来的影响是深远和持久的。一旦生态系统受到严重破坏，其恢复过程可能是缓慢甚至不可逆的。因此，在进行资源开发时，必须考虑到这些活动对未来几代人的影响，采取可持续的发展策略。

（7）生态脆弱性。

长期的资源开采使得矿粮复合区的生态系统变得异常脆弱。生态系统的脆弱性不仅影响到当地的生物多样性和环境质量，也对周边地区产生了负面影响。因此，加强对这些脆弱生态系统的保护，防止进一步的环境退化，是一个迫切需要解决的问题。

2.1.3　矿粮复合区发展的影响因素

（1）经济因素。

经济因素在矿粮复合区可持续性发展中起着关键作用。区域经济增长依赖于矿产资源的有效开发与利用，这不仅是推动经济发展的主要动力，也是地区经济支柱。随着经济的迅猛发展，矿产资源遭受高强度的开发利用，对矿粮复合区的生态环境造成显著压力。同时，市场需求、价格波动和政策调控等经济因素间接影响矿产资源的开采，进而对粮食可持续性生产产生影响。因此，制定矿粮复合区的发展策略时，需充分考虑经济因素，实现经济增长与生态保护的协调发展。

（2）社会因素。

社会因素，特别是人口增长和城市化进程给矿粮复合区带来了巨大挑战。人口的激增不仅提高了粮食需求，也增加了对矿产资源的依赖，从而加大对区域自然资源和环境的压力。城市化的快速发展改变了土地使用模式，减少了粮食生产区域，威胁着矿粮复合区的可持续利用。此外，文化、教育和健康等社会因素也间接影响着该区域的环境和居民生活质量。因此，制定策略时应考虑如何在人口增长和资源需求之间寻找平衡，以及在城市化进程中如何保护和合理利用资源。

（3）自然因素。

矿粮复合区的自然要素，如土壤、植被、地表水及矿产资源等，共同构成了该区域的生态系统。这些自然因素的变化，如土壤侵蚀、植被破坏及水资源污染等，对矿粮复合区的生态平衡造成严重影响。当这些变化超出生态系统的恢复能力时，可能导致生态承载力下降和生态系统不可逆的损害。因此，在考虑开发与利用矿粮复合区时，必须重视自然因素对生态系统的长期影响，并采取适宜的环境保护及资源管理措施，确保矿粮复合区的生态安全与可持续发展。

2.2　矿粮复合区的问题与挑战

2.2.1　矿业生产对生态环境的影响

（1）采矿区固体废弃物污染。

土地资源作为人类生存和社会发展的基础，其生态系统安全在维持社会经济的可持续发展中起着关键作用。在矿粮复合区，长期以来，人们在矿产资源的过度开采中忽视环境保护，导致环境状况的严重恶化。主要环境问题包括矿业生产对土地的大量占用，废弃物的随意堆放造成土地资源稀缺和生态环境污染，以及重金属和有机物污染的加剧。同时，环境恶化、自然灾害以及不合理的人类经济活动进一步导致土地生态系统失衡和服务功能衰退。此外，矿业活动产生的污染对矿区耕地土壤和水源造成严重污染，威胁农业生产和人类健康，导致耕地面积减少和土壤肥力下降，从而影响粮食产量。因此，矿粮复合区的土地生态系统十分脆弱，迫切需要加强保护和实现可持续管理。

（2）矿业生产对水资源的影响。

矿业生产对水资源的影响显著，首先，体现在对水资源的浪费上。随着矿业开采强度的加大，矿井水的人为疏干严重影响了地下水系统，不仅造成土壤层次结构受损和地下水水位下降，还加剧了矿区供水的紧张局面。同时，开采活动中对储水层和阻水层的损害以及由此形成的水导裂缝，导致地下水资源过度耗竭，破坏了地下水的自然平衡，从而造成对环境的长期不利影响。其次，矿业生产对水资源污染的影响显著，还体现在未经处理的矿井水及矿石淋溶水的排放。这些废水中含有的有害物质，如重金属离子和酸性物质，对河流或灌溉用水造成严重污染。这种污染不仅影响水体的pH值，导致水中微生物的生长受阻，还妨碍了水体的自净能力，对水生生物和人类健康构成威胁。因此，矿业生产对环境的影响远远超出矿区本身，对周边生态系统和人类生活产生了深远的影响。最后，矿衍生物对耕地环境的影响，主要表现在"矿区三废"上。废水包括矿井废水和生活污水，其中含有高浓度的悬浮物质，直接排放对土地生态系统造成严重损害。废渣如矿矸石和锅炉灰渣，以

及废气 SO_2、H_2S、CO、CO_2 等，都会对土壤功能造成负面影响。这些废物的排放不仅破坏了视觉景观，还污染了土地资源，严重降低了耕地的生态安全指数，影响了农业生产的可持续性（钱鸣高等，2007）。

（3）矿业生产对大气的影响。

在当代矿业活动中，矿石露天堆存所引发的环境污染问题日益受到环境科学和矿业管理研究的广泛关注。长期暴露于自然环境中的矿石（如煤炭），通过风化和自燃过程不断向周边大气中释放二氧化硫（SO_2）、一氧化碳（CO）等有害气体，严重影响大气质量，产生含重金属的扬尘，对矿区及其周边地区生态系统造成破坏，导致植被枯萎、农作物减产，威胁地方经济可持续发展。同时，矿石（如煤炭）废气的排放问题也不容忽视，其主要成分甲烷作为温室气体，未被有效利用时加剧温室效应，产生了能源利用低效率和环境保护不足的问题。此外，矿区火电厂的粉煤灰排放对大气质量构成长期威胁，其细小颗粒物可悬浮于空气中，对人体健康造成严重危害。矿区交通运输产生的尘土和尾气排放也对空气质量产生负面影响。

2.2.2　矿业生产对耕地利用的影响

（1）矿业生产对耕地资源的影响。

矿粮复合区在国家安全战略体系中占据着不可替代的位置，其稳定性和发展状况关系到国家的粮食、能源供应以及生态和社会稳定。面对矿业与农业资源并存的复杂局面，如何平衡生态保护与资源开发成为该区域管理的核心问题（黄冠华等，2002）。特别在矿业和粮食并重的主产省份，例如河南省、河北省，矿业开发与农业生产间的矛盾突出，对粮食生产的安全与区域可持续发展能力构成直接威胁，同时矿业的发展也是当地经济支柱。因此，迫切需要在国家安全和科学发展的框架下，寻找解决矿粮复合区生态环境和可持续发展问题的策略（曾令芳，2002）。矿业活动对矿粮复合区土地资源的影响广泛且深远，包括引起的农田地表塌陷、土壤结构破坏、土壤污染以及耕地资源被占用。这些影响降低了农业生产效率，引发了一系列的环境问题，如水土流失和地质灾害。矿业开采导致的土壤问题主要包括土壤盐渍化、地形地貌改变和土壤肥力降低。此外，开采过程中产生的重金属、有机污染物和放射性物质也对土壤环境造成了严重污染，威胁粮食安全。

（2）矿业生产对粮食生产的影响。

矿业活动引发的耕地塌陷和资源占用等土地退化现象严重削减了耕地面积及其肥力，直接影响粮食产量，进而威胁粮食安全（冯绍元等，2003）。此外，矿业生产过程中释放的重金属等有害物质通过环境媒介进入农作物，间接增加了粮食生产的安全风险。粮食安全不仅关乎满足人口的食物需求，更涉及食物的营养价值和健康质量，对国家的经济发展和公民健康具有深远影响（查贵锋等，2003）。尤其是矿区的水资源污染，通过污水灌溉进一步导致土壤与粮食中重金属含量增加，通过食物链累积，对自然环境及人体健康构成巨大威胁。尽管污水的再利用和处理在一定程度上有助于扩大水资源的有效使用，为粮食安全作出贡献，但关于其对粮食产量和经济效益的影响仍然是不确定的（胡振琪等，2006）。这需要深入探索污水灌溉的经济效益和产量影响，并优化污水处理利用策略，以确保粮食生产安全和提升质量，其对矿区及周边地区的粮食安全水平和可持续发展具有重要的促进作用（胡振琪等，2006）。

2.3　矿粮复合区发展案例

2.3.1　赵固二矿

赵固二矿位于太行山南麓，焦作煤田东部，行政区划隶属新乡辉县市管辖，是重要的煤炭资源开采基地，对地方经济发展至关重要。赵固二矿开采给当地带来了经济效益，但也对环境和生态造成了影响，例如，改变了土地利用结构，影响了水资源和生态系统。深入分析赵固二矿的开采活动可为决策提供支持，也有望为其他类似矿区的环境治理和生态修复提供参考①。

（1）自然概况②。

①地形地貌。焦作矿区赵固二矿位于辉县市，临近太行山脉，地势特点独特。辉县市地处太行山东侧，主峰为九峰山十字岭，海拔高达 1732 米。该市总面积约 2007 平方公里，地形主要包括山地、丘陵和平原，其中山地面积约为 1007 平方公里，丘陵 216 平方公里，平原 784 平方公里。整体地势自西北向东南呈阶梯状下降，最低处海拔仅 72 米。赵固二矿区位于这一区域的太行山前平原上，地面海拔标高介于 72～85 米之间，整体地形较为平坦。该地形地貌为赵固二矿的开采提供了独特的自然条件，同时也对当地的生态环境和经济发展产生了重要影响。

---

① 寻找"十大最美矿区"踢馆赛来袭，遗漏的你居然也这么美 [EB/OL]. [2017 – 04 – 19]. http：//m. ccoalnews. com/xmt/201704/19/c10728. html.

② 潮平风正好扬帆——焦煤赵固二矿 2022 年工作综述 [EB/OL]. [2023 – 01 – 12]. https：//www. hnecgc. com. cn/2023/01 – 12/15154. html.

②气象特征。赵固二矿所在地区辉县市属于暖温带大陆性季风气候，具有四季分明的特点。春季多风且降水量较少；夏季则表现为炎热且降水量丰富；秋季气候凉爽；而冬季则干冷且降雪较少。该地区的年平均气温为 14.0℃，极端最高气温可达 41.5℃，而最低气温则可降至零下 18.3℃。年平均降水量约为 589.1 毫米，主要集中在 7~8 月，这一时期的降水量约占全年降水量的 70% 以上，也是地下水回补的主要时期。年蒸发量介于 1680~2041 毫米之间。该地区的结冰期通常从 12 月持续至翌年 3 月，冻土深度为 100~150 毫米，而积雪厚度则在 150~200 毫米之间。年平均无霜期约为 214 天。年均日照时数为 2020.1 小时，平均日照率约为 46%。

此外，辉县市全年的主导风向为东风，夏季多东南风和南风，冬季则以西北风和北风为主。年平均风速约为 1.02 米/秒，最大风速可达 18 米/秒。

③地表水系。赵固二矿的地表水系属于海河流域卫河水系，主要河流包括百泉河、黄水河、石门河以及共产主义渠。除石门河外，其余河流大多为季节性河流。石门河源于井田北部的太行山区，该地区岩层裸露，沟壑深切，河谷地带拥有众多岩溶大泉，因此，径流资源十分丰富。在井田范围内，石门河大多数地段的河道宽度约为 20 米，最宽处可达 80~100 米。百泉河起源于百泉湖，向南流经多个乡镇后进入新乡市，最终汇入卫河。百泉河位于井田东部边界。共产主义渠则位于井田南部约 9.5 公里处，主要用途为农田灌溉。

赵固二矿的工程排水主要通过袁庄排水渠流入黄水河，对黄水河产生一定影响，但对百泉河和石门河的影响较小。这些河流的分布和特性对该区域的生态环境及农业活动具有重要影响。矿区排水系统的设计和管理对于保护这些地表水系的健康状况和维持区域水资源的平衡有着至关重要的作用。

④土壤资源①。赵固二矿所在区域的土壤主要包括潮土和砂礓黑土两种类型。潮土分为黄潮土和褐土化潮土两个亚类，进一步细分为4个土属和8个土种。这种土壤主要发育于河流多次泛滥和洪水冲积的洪积——冲积母质土，经耕种熟化而成。由于河流较多，河流决口时的流速和流向各异，导致潮土区域内土壤质地差异性和剖面土壤质地层次多样性。潮土颜色多呈灰黄色，土质疏松，地下水丰富，适宜种植多种农作物。其有机质含量为0.1%~1.3%，全氮含量为0.03%~0.09%，全磷含量为0.08%~0.15%，pH值为8~8.3。

砂礓黑土亚类的灰质黑土是一个土属，进一步细分为3个土种。其母质为潮相冲积物，由洪积——冲积物经旱耕熟化而成旱作土壤，包含腐泥状黑土层及浅育砂礓层，经历过草甸沼泽过程。表层质地中壤至重壤，较黏重，呈暗灰或黑灰色，块状或棱块状结构，有机质含量较高，一般在0.9%~1.5%，代换量较大；全氮含量为0.06%~0.1%；全磷含量为0.12%~0.15%，通体都有石灰反应，pH值为8.1~8.4，适宜种植小麦、玉米等。潮土和砂礓黑土的特性使得该地区适宜于多种农作物的种植，有助于推动当地农业发展。同时，这些土壤资源的保护和合理利用对于维持地区生态平衡和促进可持续发展至关重要。

⑤矿产资源②。赵固二矿所在区域辉县市位于华北陆块山西台隆太行山拱断束，区域内发育的地层主要包括太古宙片麻岩、元古界石英砂岩、古生界碳酸盐岩以及新生界松散沉积物。该地区的构造活动以北东向断裂为主，岩浆活动微弱。这种地质环境形成了丰富的沉积矿产资源。已发现的矿产资源包括煤、水泥用灰岩、饰面

①② 王连超. 基于PSR模型的矿粮复合区耕地生态安全评价及分析［D］. 郑州：河南理工大学，2017.

花岗岩、泥岩、石英岩、耐火岩土、铁、铜、铅、锌、水晶、冰洲石、磷、建筑石料、建筑用沙以及优质矿泉水等。该地区共有各类矿产地和矿点 47 处，其中大型矿床 6 处，中型矿床 2 处，小型矿床 11 处，矿点和矿化点 28 处。

赵固矿区的煤炭资源储量达到 13.10 亿吨，属优质无烟煤。该地区的赵固二矿设计服务年限为 60.3 年，首采区服务年限为 21.9 年，区域原煤煤质灰分小，平均 13.78%，硫分低，平均 0.34%，发热量高，平均 30.03 兆焦耳/千克，属于低中灰、特低硫、低磷、高发热量的二号优质无烟煤。这些矿产资源已成为辉县市经济发展的宝贵财富，尤其是煤炭资源的开采为当地经济发展提供了重要支撑。合理开发利用矿产资源和有效管理环境的影响，对该地区的可持续发展起到了至关重要的作用。

（2）社会经济概况。

赵固二矿覆盖了赵固镇、北云门镇、占城镇等主要地区。赵固镇位于辉县市西南部，距离县城大约 12.5 公里，总面积为 65 平方公里，管辖 30 个行政村和 2 个自然村，总人口约 51978 人。赵固镇的耕地面积为 6.3 万亩[①]，主要农作物包括小麦、玉米和花生，同时也是粮油业和造纸业的工业基地，发展了华豫、兆丰等一批企业。2021 年，该镇完成财政收入 1.7 亿元[②]。

北云门镇位于辉县市西南部，东与胡桥办事处相邻，南与新镇市凤泉区大块镇接壤，西南与占城镇相邻，西与赵固镇为邻，北与高庄镇、百泉镇相连，地势平坦，土地肥沃。辖区总面积 49.76 平方公里，辖 29 个行政村，辖区总人口 6.34 万人，耕地面积 4.77

---

① 1 亩 ≈ 0.0667 公顷，全书同。

② 河南政务网，https://www.hnzwfw.gov.cn/410782205000/? region = 410782205000.

万亩①。

赵固二矿的社会经济活动主要以农业为基础，同时煤炭开采也是该地区的重要经济活动。辉县市的地区生产总值（GDP）为395.04亿元，其中第二产业（包括煤炭开采和洗选业）的增加值为161.54亿元。辉县市粮食种植面积为93.49千公顷，其中小麦种植面积47.02千公顷，玉米种植面积44.67千公顷。粮食总产量为50.21万吨。第二产业非金属矿物制品业、煤炭开采和洗选业、黑色金属冶炼和压延加工业也是辉县市的主要产业②。

（3）生态概况。

赵固二矿包含多种生态系统类型，如农田生态系统、林地生态系统、草地生态系统、村镇生态系统、路际生态系统和水域生态系统。基本农田是该区域的主要土地利用类型，遍布全区，总面积约为78.78平方公里，占评价区总面积的84.12%。

在地形地貌方面，赵固二矿地势以北高南低的冲积平原和河谷为主。气候上，该区域属于温带大陆性季风气候，区域植被以落叶阔叶林为主，由于人类活动的影响，天然植被在很大程度上被破坏。现存的主要植被类型包括落叶阔叶林和零星分布的灌木丛及草地。赵固二矿的生物多样性相对有限，该区域内没有珍稀濒危动植物分布，土壤类型主要为潮土，适宜种植多种农作物。区域土壤侵蚀以水力侵蚀为主，并未出现明显的水土流失区。

在土地利用现状方面，赵固二矿的土地利用主要分为基本农田、居民点用地、交通用地、林地和水域。土地资源丰富，生产力较高，但土地类型相对单一，以基本农田为主。2008～2016年，赵固二矿的生态环境经历了一段先恶化后改善的过程。在此期间，

---

① 河南政务网，https：//www.hnzwfw.gov.cn/410782110000/？region=410782110000.

② Wind 数据库［DB/OL］. https：//www.wind.com.cn/mobile/Home/en.html.

矿区对废弃地、沉陷耕地和水域进行了生态整治，不仅增强了这些区域的生态功能，而且改善了整体生态效应。尤其值得注意的是，矿区在开采活动中实施了一系列生态修复措施，有效缓解了矿业开采对环境的负面影响①。

截至 2022 年，赵固二矿的生态修复和土地复垦工作进一步加强。矿区在采矿活动中广泛应用了注浆技术等安全提升方法。通过采用分层开采和大采高综采等方法，减少了工作面顶板垂直位移和塑性区破坏，显著提升了开采安全性。注浆技术在孤岛工作面的应用，有效控制了顶板位移和塑性区变化，从而减少了矿压显现和巷道围变形的问题。

赵固二矿的这些技术创新和生态修复措施，不仅提高了矿区的安全生产水平，还减轻了开采活动对周边环境的影响。矿区通过科学管理和技术革新，实现了资源开采与生态环境保护的和谐共生。这些成果不仅体现了赵固二矿在矿业生态修复和土地复垦方面的努力，也展示了矿业可持续发展的新范式。

综上所述，赵固二矿的生态概况展现了一个以农田和林地为主的多元化生态系统。面对煤矿开采引起的生态环境挑战，赵固二矿通过有效的生态修复和土地复垦工作，改善了生态环境。

2.3.2　永城煤矿

河南省永城市位于河南省东部，是一个典型的煤矿城市，拥有丰富的煤炭资源。地理位置上，永城市处于豫、鲁、苏、皖四省交界处，东临苏北重镇徐州，西接豫东古城商丘，北距黄河故道不足

---

① 丁翠. 赵固煤矿区景观生态质量变化及其生态效应评价 [D]. 郑州：河南理工大学，2018.

百里。永城的地理坐标为东经 115°58′~116°39′，北纬 33°42′~34°18′①。

气候方面，永城市属暖温带季风性半湿润气候区，四季分明，年平均气温约为 14.3℃。全境平均海拔为 31.9 米，地势平缓，除东北部芒砀山群外，大部分地区为平原。

永城市总面积为 2020 平方公里，辖区范围包括 25 个乡镇和 6 个街道，拥有 770 个行政村。截至 2022 年，永城市总人口约 160 万人，相较于之前的数据有所增长。永城市作为一个区域交通枢纽和经济发展区，吸引了大量人口迁入，推动了城镇化进程。

经济结构方面，永城市以"黑白经济"为特色，黑色经济代表煤炭开采，白色经济代表面粉生产。煤炭和面粉生产是永城经济的两大支柱产业。煤矿资源以煤炭为主，矿区总面积 850 平方公里，约占全市总土地面积的 42.45%，保有资源储量 25.56 亿吨。

矿产资源的开采对永城市的农业、生态环境造成了影响。虽然煤炭储量丰富，但同时也引发了生态环境问题，如地面沉陷和水体污染等。对于永城市，转变产业发展模式并寻找有效的生态修复手段成为重要议题。

（1）自然概况②。

①气候与水资源。永城市，位于河南省东部，属于暖温带季风气候。这一地区气候特点是四季分明，季风明显。永城市的年平均气温大约为 14.3℃，春季温和，夏季热而湿润，秋季凉爽，冬季寒冷。年平均降水量约为 800 毫米，主要集中在夏季，这对农业生产尤为重要。

---

① 永城市人民政府，https：//www.ycs.gov.cn/zjxs/xsjj.

② 从小县城到"豫东明珠"，永城经历了怎么样的变迁？［EB/OL］．［2022-05-21］.https：//baijiahao.baidu.com/s？id=17333902772193361772&wfr=spider&for=pc.

在水资源方面，永城市河流众多，主要河流包括沱河、王引河、浍河和包河等，这些河流为永城市提供了重要的水源。这些河流的水量和水质对农业灌溉、城市供水以及生态环境保护至关重要。然而，煤矿的开采活动对水资源造成了一定的威胁。煤矿开采区域的排水和工业废水排放，尤其是未经处理的废水，可能会对河流水质造成影响。这不仅影响了人类的日常用水，还可能破坏水生生态系统，对生物多样性构成威胁。

永城市的自然条件优越，气候适宜，水资源丰富，但同时也需要面对工业化进程中产生的环境污染问题。未来的发展策略应重视水资源的保护和可持续利用，以确保永城市的生态平衡和持续发展。

②地形地貌。永城市位于淮河洪积区和黄河洪积区的交界地带，展现出独特的地理特征。该地区的地形相对单一，以平坦和平缓的地势为主，平均海拔在 31～37 米之间。永城市地势的东西方向高程差异较小，仅为 7 米，海拔范围从 30.7～37.7 米不等。永城市拥有芒砀山及一些低矮山丘，其中最高峰达到 156.9 米。尽管这些山丘相对较低，但为永城市的平坦景观增添了一些变化。芒砀山不仅是自然景观的一部分，还是当地的历史文化遗址。

永城市南部地区，特别是浍河和包河河谷，呈现出平坦的平原地带特征。这些地区因黄河的泛滥而形成了近河阶地，河道两侧出现了临河阶梯地带。沱河河谷地势相对较高，而薛湖、苗桥、高庄、城厢等地区因河道改变而形成了一些低洼地带，这些地貌变化对当地的农业生产和城市规划都产生了一定影响。

总之，永城市的地形地貌以平坦为主，海拔差异较小，但在芒砀山等处存在一些低矮山丘。河谷地区特别是靠近沱河的地区地势较高，而南部近河地区则相对平坦，形成了临河阶梯地带。这些地理特征对永城市的经济、文化和社会发展有着重要影响。

③植被。永城市的植被特点在很大程度上反映了其地理和气候条件。该市地处中原地区，具有丰富的植被资源。气候的季风性质为各种植物生长提供了有利的条件，促使该地区形成了多样的植被类型。

永城市森林覆盖率高和植被种类丰富多样。永城市的林地面积为5234.95公顷，约占该市总土地面积202004.58公顷的2.59%，这些林地主要集中在芒砀山区域，且由于地形的多样性，该地区的植被类型呈现出多样性，例如，山区和低地的植被组成有所不同，体现了从山地到平原的生态过渡。

永城市主要的农作物品种包括玉米、棉花和小麦。这些农作物不仅是当地农业的主要组成部分，也是该地区的植被景观，特别是在耕地区域，这些农作物的种植成为主导的植被形态。

永城市的绿化工作在近年来得到了加强，城市和乡村地区都在积极推进绿化和植树活动，以提高生态环境质量。这些活动不仅增加了城市绿地面积，也丰富了植被多样性，改善了城市生态环境。

综合来看，永城市的植被以农作物种植为主，同时在山区和城市地带都有丰富的植被资源。这些植被不仅对当地的自然环境起着重要作用，还是当地农业经济的重要组成部分。随着城市绿化工作的推进，永城市的植被景观在持续改善和丰富[①]。

④旅游资源。永城市的旅游资源丰富，其特色主要体现在丰富的自然景观和深厚的历史文化底蕴。永城市北部的芒砀山是该市最引人注目的自然旅游资源之一。芒砀山不仅地貌独特，且拥有丰富的生态资源和历史遗迹，被评为5A级旅游景区。该山区以其独特的自然风光和文化遗址吸引着大量游客，其中包括汉高祖刘邦斩蛇处和梁王陵墓等重要历史遗迹。

---

① 永城市人民政府，https：//www.ycs.gov.cn/zjxs/zrzy/content_788.

永城市还拥有丰富的红色旅游资源。作为解放战争时期著名战役淮海战役的主战场，陈官庄烈士纪念馆等地成了红色旅游的重要目的地。这些景点不仅具有重要的历史价值，也在教育和纪念方面发挥着重要作用。

除此之外，永城市的其他旅游资源包括传统的农业景观和地方特色文化。农业景观如田园风光和传统农耕文化为游客提供了独特的乡村旅游体验。此外，地方特色文化，如传统节日和民俗活动，也成为吸引游客的重要元素。

⑤矿产资源。该市的矿区覆盖面积达 700 平方公里，约占总辖区面积的 35%，总蕴藏的含煤量达到惊人的 101 亿吨。永城市的煤炭资源开采历史悠久，其开采技术成熟，形成了完善的生产、加工与销售体系。

煤炭作为永城市的主要矿产资源，对其经济贡献显著。永城市煤矿的总开采量每年大约为 1500 万吨，其中无烟煤（即高质量煤炭）占比较高，是中国六大无烟煤产地之一。这类无烟煤因其燃烧效率高、环境污染低而受到市场欢迎，是理想的能源类型。此外，永城煤矿不仅满足国内需求，还出口至日本、韩国等国家，提升了市场的国际竞争力。

除了煤炭外，永城市还拥有铝、锌、铁等其他矿产资源，使得其在多元化的矿产资源开发上具有优势。这些矿产资源的开发和利用，为永城市的工业发展提供了坚实的基础，推动了当地经济增长。

（2）社会经济概况①。

永城市的社会经济发展展现了多元化和增长的特点，尤其在农业、工业和服务业领域。2022 年永城市的地区生产总值达到 720.01 亿元，同比增长 9.0%，这一增长速度高于全省平均水平

---

①　永城市 2022 年政府工作报告。

（6.3%）2.7 个百分点，也高于包含永城市在内的商丘市平均水平（4.0%）5.0 个百分点。这一数据反映出永城市经济发展的活力和潜力。

从产业结构来看（见图 2-2），第一产业增加值达 92.61 亿元，同比增长 7.3%；第二产业增加值为 311.85 亿元，增长率为 9.3%；第三产业增加值则为 315.56 亿元，增长率为 9.1%。特别值得注意的是，农林牧渔业增加值达 95.33 亿元，同比增长 7.4%，显示了永城市在传统农业领域实现了稳定增长。

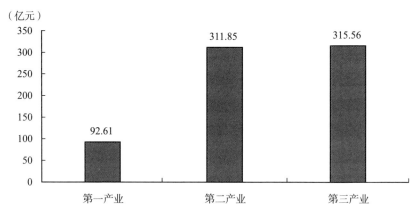

图 2-2 永城市 2022 年产业增加值

资料来源：永城市 2022 年政府工作报告。

工业方面，永城市展现出显著的增长势头。规模以上工业增加值同比增长 12.5%，两年平均增长 9.0%，达到历史新高。其中，12 月当月增长率为 12.4%，实现了工业发展的持续稳定性。高新技术产业增加值同比增长 21.3%，在规模以上工业增加值中占比达到 33.1%，显示了高新技术产业在地区工业发展中的重要地位。

固定资产投资方面，全市完成 276.63 亿元，同比增长 11.6%，在商丘各县市区中排名第二。社会消费品零售总额为

248.69 亿元，同比增长 12.3%，高于商丘平均水平 6.7 个百分点，并在商丘各县市区中排名第一。此外，全市一般公共预算收入为 50.58 亿元，同比增长 7.0%，其中税收收入达到 32.71 亿元，同比增收 13.9%，在商丘各县市区中排名第一，高于商丘平均水平 7.0 个百分点。

综上所述，永城市的社会经济发展表现出了多元化和稳定增长的特点。农业作为传统产业，仍然保持着稳定的发展势头。工业特别是高新技术产业，成为推动经济增长的主要力量。服务业和消费市场也展现出积极的发展趋势。

（3）永城市矿粮复合现状[①]。

永城市的矿粮复合现状不仅是该市经济结构的一个独特方面，而且体现了资源开发与农业生产的紧密联系。永城市地下富含煤炭资源，并且同样是一个重要的粮食生产基地。以其广阔的平原和丰富的矿产资源著称，其中农业和矿产资源开采是其经济和社会发展的主要支柱。永城市的矿粮复合区域面积达到 108532.48 公顷，其中 75.73% 用于种植粮食，占地面积的比例为 53.71%。这反映了永城市是一个以矿物和粮食为基础的复合种植区。

永城市无煤区域的面积为 33307.07 公顷，占全市可耕种土地的 24.27%，这使其成为全国最大的无煤区之一。而煤炭资源开发利用面积高达 77942.06 公顷，占总耕地面积的 56.81%。其中，煤炭资源开发利用的区域约为 23076.60 平方公里，占全市耕地面积的 16.82%。此外，采空区面积达到 2883.84 平方公里，约占可耕种土地的 2.10%。

永城市的矿粮复合区域遍布各个乡镇，面积差异显著。以裴桥镇为例，矿粮复合区面积最大，约为 9796.77 公顷，占整个矿粮复

---

① 2022 年永城市国民经济和社会发展统计公报。

合区的 9.03%；相比之下，黄口镇的矿粮复合区面积最小，仅为 36.67 公顷，占全部矿粮复合区的 0.03%。高庄镇、马桥镇、薛湖镇、蒋口镇、卧龙镇、龙岗镇和双桥镇等地也是重要的矿产和粮食复合种植区。

永城市的矿粮复合区域体现为煤炭开采与农业生产的共存。永城市范围内约有 700 平方公里的煤矿区，总含煤量达到约 101 亿吨。年开采量约 1500 万吨，其中近一半为高质量无烟煤。这些资源的开采为永城市工业发展提供了坚实基础。

永城市的农业以种植业为主，主要农作物有玉米、棉花和小麦，特别是小麦的产量和质量在全国范围内都有较高评价。但该地区的煤矿开采可能对农村地区的生态环境造成负面影响，如土地沉降、水源污染等，对农业生产构成威胁。同时，煤炭作为非可再生资源，其持续开采存在枯竭风险，需要平衡煤炭开采与农业生产的关系，确保可持续发展。

（4）永城市农户生计[①]。

永城市作为一个以农业为基础、矿业为主导的城市，其农户生计受到多方面因素的影响，尤其是煤矿开采对当地农业生产和农村社会生活产生了显著的影响。

①农业生产变化：永城市位于中原地区，拥有丰富的农业资源。然而，随着矿业的发展，尤其是煤矿的大规模开采，对农业土地产生了很大影响。耕地面积减少，矿区开采对农田造成了不可逆的损害，导致农业生产力下降。地表塌陷和环境污染使得部分耕地失去了耕作价值，影响了农民的传统农业生计。

②居住环境变化：由于矿区的扩展和地表塌陷，部分农村居民不得不迁移到新的居住区。矿区附近的"工人村"出现，居民的

---

① 永城市 2022 年政府工作报告。

生活方式发生变化，从传统农业生活逐渐向工业或矿业依赖型生活转变。虽然新的居住环境提供了更现代化的生活设施，但也改变了农村居民的传统生活方式。

③就业和收入变化：矿业的发展为当地居民提供了新的就业机会。许多农村居民转而在矿区就业，改变了他们的收入来源。矿业工作的收入相对较高，这在一定程度上提高了农村家庭的经济水平。然而，这也导致了对农业的依赖减少，农村社会结构和经济模式发生改变。

④社会环境变化：矿业的发展和环境污染导致农村社会环境受到影响。农村社区的基础设施建设、教育和医疗服务等方面受到挑战。矿区附近的村庄面临着生态破坏、水土污染等问题，影响居民的健康和生活质量。

⑤长远影响：永城市农村地区正面临着传统农业生计的逐渐衰退和矿业依赖型经济的兴起。这种变化不仅影响了农民的生计方式，也对地区的社会结构和生态环境产生了长远影响。政府和相关机构需要采取措施，以平衡矿业发展和农村社会的可持续发展，确保农民的生计安全和社会的整体稳定。

第 3 章　可持续性生计理论及其应用

3.1　农户生计转型

3.1.1　农户生计转型的概念

（1）生计。

生计概念最早出现在阿玛蒂亚·森（Amartya Sen）和罗伯特·钱伯斯（Robert Chambers）等学者在 20 世纪 80 年代中期的著作中，在后来的 20 世纪 90 年代，此概念又得到钱伯斯和康威（Conway）等人的进一步发展。钱伯斯和康威（Chambers & Conway，1992）从谋生视角认为"生计是一种建立在能力、资产（储备物、资源、享有权、要求权）和活动基础之上的谋生方式"。不同的研究者有不同的研究重点和对生计不同的理解，所以生计的概念未完全统一，如埃利斯（Ellis，2000）对生计的定义是生计包括资产（自然、社会、人力、金融和物质资本）、行动以及获得这些资产的方式，这三者共同决定了农户或个人生存所需资源的获取。斯库恩斯（Scoones，1998）认为生计由生活所需要的能力、资产（包括社会资源和物资资源）以及行动组成，一种好的生计必须能够保证其可持续性。钱伯斯和康威的定义包含了利用各种资产与机会的能力，更强调主体的资产拥有与谋生活动方式选择的密切联系。该定义被大多数学者广泛采用。本研究将生计定义为农户为了满足实现自身可持续发展需求，所采用的谋生方式、方法、活动及最终所得到的结果。

（2）农户生计。

农户生计是农户建立在能力、资产和活动基础之上的谋生方式，由能力、资产以及谋生活动组成，并受自然环境、社会经济环境、政策环境等外部条件和主观意愿的综合影响。

目前国内外的学者对农户生计做了大量研究。史密斯（Smith，2001）研究各种不同的因素对生计趋势和生计策略的影响，运用定性和定量的分析方法，揭示由于财富、性别、职业等因素而产生的差异。弗罗斯特（Frost，2007）在津巴布韦试图通过改善对半干旱地区自然资源的管理，从而减少普遍出现的贫困。文章认为财富收入是高度可变的。富裕的家庭往往有更多的成年劳动力并且能够雇用劳力，三个关键的模式出现在财富阶层。第一，总收入来源普遍上涨，除了林业，都与财富负相关。第二，一些收入来源，如当地工资和家庭工业的现金收入、林地的生存收入，都与整个阶层相似。第三，像汇款、礼品、现金以及一些旱地种植的高收入来源更多地集中在顶级财富阶层，而其他收入较低。谢尔宾宁（Sherbinin，2008）对农村家庭人口、生计与环境做了研究，认为为了在任何困难的情况下生存和繁荣，农村家庭实行的生计战略可能包括不同的活动，例如农业、畜牧业、渔业、非农就业和通过狩猎和采集对自然资源的开发。为了参与这些活动，家庭要对他们的资产进行处置。埃利斯（Ellis，2003）在坦桑尼亚和马拉维用定性和定量相结合的方法对农村的生计以及扶贫情况做了研究。文章将农户资产情况按家庭的大小（household size）、家畜多少

（livestock）、土地拥有多少（area owned）、教育情况（education）、生产工具的多少（tools）五个部分统计，主要分析家庭拥有土地的规模、主要农作物种植比例，以及家庭拥有牛羊鸡等牲畜的数量及比例，并且按收入把农户分为几个批次，对他们的生产方式以及种植养殖比例、消费比例等各种资料进行比较，从而进行分析，提出针对性的扶贫建议。克拉姆（Cramb，2004）利用参与性评估（participatory assessment）的方式对研究区域内的农户的土地（land）、劳动力（labor）、家畜（livestock）、收入（income）、房子（house）5个方面进行分析，把参访人员分为贫穷（poor）、中等（average）、富裕（better-off）三个组别，分析他们的生活资源和资产（包括人力资本、自然资本、金融资本和实物资本），以及活动和生计战略。

（3）生计转型。

生计转型是乡村社会变迁的一个重要表现。当前，生计转型主要应用于乡村、农户及农业相关领域的研究。本研究中的农户指以家庭为单位的经济单位，弗里德曼（Friedmann，2000）最早提出以"家户"为经济单位。本书中农户人口的确定主要是以农村户口为依据，并借鉴以往农户分类成果，根据研究区域实际情况，将研究区域农户划分为纯农型、农兼型、兼农型、非农型共四大类型。

有学者认为，生计转型是指在社会经济变化、创新驱动或自然环境变化下，一定时期内某个地区的居民赖以生存的环境、生活的职业或产业发生根本转变的过程，本质上是一定时期内某个地区居民生计策略的变化（蔡洁，2017）。此外，也有学者指出当农户所处的生态环境状况、社会背景或家庭生计状况等发生剧烈变化时，农户通常会选择调整生计策略，以保证家庭收入水平得到维持或改善，这种生计策略的改变表现为农户生计资本的重新调整或生计行为的重新选择或对生活环境的重新适应等（仇叶，2020）。

　　资源型乡村在不同的历史阶段有不同的建设任务需要完成，资源型乡村的农户生计也会随着建设任务的转变而转型。改革开放后，各个地区在经济快速发展的同时也产生了严重的生态环境问题，特别是在矿产资源型地区。自开采煤炭以来，随着资源开采速度的加快，出现了资源枯竭、土壤污染和森林破坏等生态问题，同时也造成了矿区下陷、地下水位下降等地质灾害问题，影响了资源型乡村与农户可持续生计的发展。所谓生计转型，是指与农户生计模式密切相关的内外部环境发生变化时，农户生计方式也随之发生相应变化的过程，此处的内外部环境包括自然资源存储量、农户健康状况及其劳动工具、劳动技术和所种植的作物等因素。资源型乡村的农户生计转型就是指随着生态环境变化、产业升级而发生的被动变迁。简而言之，资源型乡村的农户生计转型就是随着产业结构的升级，农户依据生计资本变化而做出的生计决策的改变。

　　（4）农户生计转型。

　　农户生计转型主要指农户赖以生存、生活的职业或产业发生根本转变，农户对于农业生产和农村土地的依赖逐渐分化的演变过程（张芳芳和赵雪雁，2015）。目前，我国农户生计转型的总体趋势是纯农户向农业兼业化（生计多样化）、农业专业化和非农业化发展（陈秧分，2012）。

　　农户生计转型可以被看作以农户为主体，由外部环境、生计资产、生计目标、生计策略和生计结果共同组成的一个涉及自然、社会和经济多要素的复合系统或过程（辛宗斐，2020）。基于此，借鉴可持续生计分析框架，参考计划行为理论和人地关系理论等相关理论基础，探究农户生计转型各环节之间的要素流动、信息传递和互动关系，进而探讨农户生计转型过程中可能的行为假设，如图3-1所示。

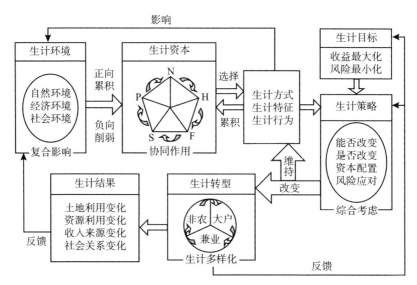

图 3 - 1 农户生计转型机理探究

①生计环境影响生计资本的积累和存续。

生计环境指的是农户从事经济活动的物质和社会背景，包括自然环境、社会制度、文化因素等。这些环境因素会直接或间接地影响农户生计资本的积累和存续。生计环境是农户实现生计目标的现实背景，主要分为自然环境、经济环境和社会环境（张芳芳和赵雪雁，2015）。

一是农户的基本生计是该地区农户群体对生计环境长期适应和选择的结果。这一过程早期主要受自然环境的限制和约束，以土地和气候的影响较为显著。同时，自然灾害的突发也会造成农户其他资本不同程度的损失。

二是工业化和城镇化的推进以及农业农村的发展，给予农户更多的机会和选择。作为有限理性的经济人，农户更倾向于追求自身短期利益的最大化，表现为物质资本的积累、生活条件的改善和生活质量的提高。同时，经济发展带来的技术水平的进步和产业结构的升级，解放了劳动力，并影响了人力资本的积累和存续。

三是在"自然环境—生计选择—行为反馈"人地关系演进的过程中，社会环境的影响不断叠加，并形成以家庭为单位、以血缘关系为纽带的农户内部和以村落为单位、以氏族为纽带的农户外部复杂关系网络，农户个体与社会群体的联系不断加强，表现为区域内部群体农户生计特征和生计行为的共性和趋同性，影响农户社会资本和金融资本的累积。

综合来看，生计环境的差异直接导致了农户早期生计资产的差异。资源禀赋的地域分异与社会经济条件的区域差异使农户呈现出多样化的价值取向和利用方式，自然环境是基础和前提，经济环境是提升和保障，社会环境是协同和约束，但它们的影响并非单独作用，而是共同作用产生复合效应。

②生计资本影响生计策略的选择和实现。

生计资本是指农户用来支持生存、生活和生产的各种资源，以满足基本需求、提高生活质量并实现经济发展的能力，主要分为人力资本、自然资本、物质资本、金融资本和社会资本（赵雪雁，2017）。生计资本有利于农户进行多样化的生计选择，更好地应对潜在风险，拥有更多样的选择机会，从而实现更好的生计结果。农户生计活动主要取决于其拥有生计资本的状况和性质、不同的生计资本配置结构状况。生计行为和活动具有多样性的特点，并且相互结合呈现出不同的生计策略。

一是自然资本是农户生计的基本前提，与自然环境的联系密切，如耕地的数量和质量、区位以及地形等耕作条件和生态服务功能等。农户所拥有的自然资本越多、质量越高，农户抵抗风险、保障稳定能力就越强，越不易受到非农就业机会的吸引，生计策略更倾向于保持现有的生计方式。

二是物质资本与农户生活密切相关，在很大程度上影响农户对农业生产和非农就业的参与程度。一般来看，农业物质资本水平越高，农业生产基础越强，农户越倾向于继续从事并考虑进一步扩大农业生产，因为转变生计方式可能会面临一定农业物质资本的损失。若非农物质资本水平越高，则生计策略转变带来的损失相对来说就比较少，因此转变意愿越强。

三是金融资本能够有效反映家庭的经济状况和获得信贷的能力。金融资本缺乏会削弱农户从事非农活动的经济支持，降低抵御生计转型风险的能力，同时面临来自家庭内部和社会层面的阻碍，从而减弱转变生计策略的热度和参与度。

四是人力资本的数量和质量决定了农户对其他生计资本的利用程度和组合次序。如常住人口、劳动力数量、健康状况和文化程度等，农户人力资本的数量越多以及质量越高，其生计策略的形式越多样，付诸实际的能力越强。

五是社会资本能够有效衡量农户家庭社会关系之外的社交程度，反映农户借助自家物质资本之外来强化生计保障的能力和获得帮助的机会。社会资本富裕的农户更易于获得就业信息和非农就业机会，推动农业活动到非农活动生计策略的转变。

综合来看，不同资本之间存在协同作用，自然资本优势能够促进物质资本的积累和更新，进而保障人力资本的稳定，物质资本和社会资本能够影响获得信贷资源的能力，并放大金融资本。

③生计策略影响生计转型的方向和程度。

生计策略是现有生计环境下或受生计环境变化影响，农户为了实现预期生计目标或被迫改变生计方式，对存量生计资本组合、改造和调整所做出的理性选择，进而改变现有生计类型和行为活动（杨伦等，2019）。这些策略在很大程度上决定了农户生计转型的方向和程度。因此，农户生计转型的根本在于生计策略的转变，生计转型主要是指农户从传统的、单一的生计方式向更现代化、多元化、可持续的方式转变的过程。

④农户生计转型的结果和演替。

农户生计转型的结果直观表现为家庭生计来源和生产生活方式的调整以及家庭成员职业类型的变化，主要涉及非农倾向和农业倾向两方面，并存在以下特征或行为假设：一是传统农户类型（纯农户）向兼业农户、非农户渐次转变，是目前城乡融合发展过程中农户较为普遍的生计转型结果。这一过程中家庭成员中从事非农活动的劳动力增加，非农收入成为家庭主要收入和保障来源。随着家庭总收入和人均收入增加，就业和居住空间表现出由乡村向城镇转移的倾向，农民进城和市民化倾向逐渐显化。二是传统农户通过土地流转扩大经营规模、改变种植结构等，发展成为农业专业户，进而发展成为种粮大户、家庭农场、合作社、现代农业产业园等新型经营主体。随着经营规模的增大，农户与土地之间的依存关系会逐渐增强。

除政府干预或生计环境的急剧改变外，农户生计转型不是一个短期的行为，而是一个循序渐进、渐次转变的过程。例如，在大多数情况下纯农户先转变为农业兼业农户，再转变为非农兼业农户，进而转变为非农户。整个过程与生计环境、生计资本、生计策略等均有密切的关系。

（5）生计转型类型。

生计转型是指农户或个体从一种生计方式向另一种生计方式的变迁过程。这种转型可以涉及从传统的农业生产到非农业领域，或从低效的生计方式到高效的生计方式。生计转型通常受到多种因素的影响，如技术发展、市场需求、环境变化及政策措施等。以下是生计转型的一些类型：

①从农业向非农业转型。农户逐渐从农业活动转向非农业领域，如服务业、工业、建筑业等。这种转型可能受到城市化、就业

机会增加以及农业收益下降等因素的影响。农户可能希望寻找更多的收入来源，改善生活质量，从而导致农村劳动力的流动。

②从传统农业向现代农业转型。农户从传统的种植方式和技术转向更现代化的农业生产方式，如使用高科技设备、先进的种植技术和管理方法。这种转型可能受到市场需求的变化、技术进步以及政府支持政策的影响，旨在提高农产品产量和质量。

③从自给自足到市场导向转型。农户从仅仅满足自身需求的农业生产方式，转向更多地关注市场需求，追求商业化生产和营利。这种转型可能受到市场机会的诱导、市场信息的获取以及市场准入等因素的影响。

④从低附加值产业向高附加值产业转型。农户从低收益、低附加值的农业活动，逐渐向高附加值的农产品生产或加工领域转型。这种转型可能涉及技能提升、加工能力的增强以及市场导向的决策。

⑤从自然资源依赖向多元化生计转型。农户逐渐减少对单一自然资源（如土地、水资源）的依赖，转向多元化的生计方式，包括农业、养殖、加工、服务等。这种转型可能受到气候变化、资源枯竭风险的影响。

综合来看，生计转型是一个复杂的过程，受到多种因素的交互影响。这些因素包括市场机会、技术进步、社会和政治环境、自然资源可持续性等。政府、发展机构和社会组织可以通过政策、培训、市场准入等手段，引导和促进农户实现积极的生计转型，以实现农村地区的可持续发展。

3.1.2　农户生计转型的动因与路径

（1）生计转型动因。

明确农户生计转型的驱动因素是可持续生计的基础，农户的生计转型不仅反映了自身所拥有的生计资本以及他们为了谋生而对生计资本的重新组合，也反映了农户在社会政策的变化下调整家庭生计活动，以及农户对生态环境变化的适应。已有研究发现，影响农户生计转型的因素可以分为内生性因素和外生性因素两大类，内生性因素主要包括农户拥有的生计资本，外生性因素主要是指自然环境、政策制度的变化等（杨伦等，2019；张芳芳和赵雪雁，2015）。

在市场、制度、政策以及自然等因素造成的风险性环境中，农户拥有的生计资本决定着其所采取的生计策略。班达里（Bhandari，2013）的研究也表明耕地和牲畜数量会阻碍农户的非农就业，社区资源也会影响农户生计转型；刘自强等（2017）通过对城市化影响下农户生计资本拥有量和配置的变化对生计策略的影响，发现自然资本对纯农户和一兼户生计策略选择有显著正向作用；张等（Zhang et al.，2019）对影响中国农村家庭生计策略和转型动态的因素进行了定量研究，发现农户拥有的土地对生计策略向上转移具有负面影响；刘等（Liu et al.，2018）也指出自然资本和物质资本可以促进农户选择以农业生产为主的生计策略；赵立娟等（2017）的研究也证实拥有较高金融资本的农户倾向于选择混合型和务工型生计；刘等（Liu et al.，2018）和何仁伟等（2019）的研究均发现人力资本对农户生计转型具有重要影响，其中，户主年龄和受教育程度对家庭生计向非农就业转变有显著影响。

自然环境为农户生计活动的选择提供物质基础，以传统农业为主的生计活动对自然环境有较强的依赖性，更容易引发环境退化问题，恶化的自然环境使农户陷入贫困—环境陷阱（Naidu，2011）。生态环境恶化成为 21 世纪人类社会面临的最严峻挑战，对自然资源、公共健康和生物多样性等造成威胁，并加剧贫困地区农户生计的脆弱性（张芳芳和赵雪雁，2015）。已有研究发现，气候变化对生计转型具有重要影响，促使农户从单一化策略转向多样化生计策略（Adam，2018）；斯卡尔查等（Escarcha et al.，2020）提出台风、洪水和干旱造成的作物歉收影响农户生计转型，使农户的生计策略从传统的作物种植转向水牛养殖。农户为应对自然环境变化，降低因自然环境恶化而造成的经济损失，往往会通过改变原有生计活动方式，实现生计转型。

政策制度变化引导农户生计转型，在欠发达地区，政策制度对农户生计转型的影响尤为显著（赵丽娟等，2017）。土地作为社会经济发展最基本的生产要素，也是农户生存最基本的生活保障来源，鉴于我国独特的土地制度，政府制定的相关政策会影响土地利用变化，土地利用变化则会引起农户生计活动的变化。已有研究表明，当地社区土地利用的规模、结构和效益与当地社区生计模式中的生计资本、生计策略和生计结果之间存在明显的对应关系（王新歌，2017）；刘等（Liu et al.，2016）的研究也证实，将土地所有权与使用权分离出来的土地制度会促使农户从传统农业家庭向非农就业家庭转变。

通过以上文献回顾发现，农户为应对外部自然环境、市场和政策的变化，降低因自然环境、市场及政策变化而造成的经济损失，往往会通过改变原有生计活动方式，来实现生计转型。在内外部环境的作用下，农户所拥有的生计资本量不同，那么不同的农户在进行生计决策时，生计资本之间的组合方式也不相同，其选择的方式则是农户生计策略抉择的结果。

（2）生计策略选择路径及其特征。

钱伯斯和康威（Chambers & Conway，1992）对生计策略的定义为家庭及其成员为了维持甚至改善自身生计采取的生计行动组合。这是基于自身资产获取以及主体本身的期望。本研究依据农户生计活动方式，将生计策略定义为农户家庭依据自身拥有的生计资本进行组合，从事不同的生产活动，以实现家庭生计的可持续行为。

在生计策略选择方面，现有研究主要依据农户的农业生产要素分配以及家庭劳动力的收入来源进行生计策略类型划分。不同学者根据自身的研究背景和需求，对农户的生计策略类型划分方式不尽相同。斯库纳斯（Scooners，1998）在早期就依据发展中国家农户生计多样化、农业集约化、迁移三种生计模式，将农户生计策略划分为生计多样化、集约化、扩张、迁移四种类型。在近期的国内文献中，对生计策略类型的划分标准主要有以下三种：一是依据学者自身的主观判断设定农户类型划分标准，把农户分为纯农户、兼业农户、非农户、多样化农户等；二是运用聚类分析法依据农户的某种特征进行分类（陈卓等，2014）；三是依据农户的生计组合方式作为生计策略类型，即农林种植、养殖家畜、非农自营、外出务工四种类型（李广东，2012）。尽管我国日益增长的人口数量与有限的土地资源之间存在矛盾，在一定程度上限制及约束了农户的生计扩张策略，但随着当今经济、技术、市场的进步发展，农户开始集约化生产经营，将其作为维持发展可持续生计的另一个抉择。根据主要从事职业、家庭主要收入来源状况，参考前人对农户类型的划分，根据农户家庭非农收入占家庭总收入的比重，将农户分为纯农户、农业主导型农户、非农主导型农户和非农型农户四类生计策略类型。

生计策略特征方面，当前我国的农户生计策略选择主要有多样化、集约化、迁移三大表现（苏芳等，2009；阎建忠，2010）。

生计多样化研究方面，国外学者往往把农村贫困与农户生计多样化联系起来，试图为农村农户减贫找出解决路径。研究发现，居民生计呈现出明显脆弱性特征，其主要根源是当地资源及非农就业机会匮乏，难以实现生计多样化（Ellis，2003），因此，提供非农就业机会可以帮助农户改善生活水平，使农户获得比以往更多的收入来源。20 世纪 80 年代以来，我国农户兼业成为越来越普遍的现象。从生计策略视角来说，农户兼业意味着农户生计策略的多样化。国内学者也逐渐把研究视角转向农户的兼业对土地利用的影响研究。梁流涛等为了比较分析不同类型农户土地利用行为及其效率的差异，构建了农户兼业对土地利用行为及利用效率影响机理的分析模型，表明纯农户、一兼户的土地利用效率远远大于二兼户，而一兼户略大于纯农户（梁流涛等，2008）。另外，乡村旅游的发展也会改变农户的生计组合模式，传统单一的生计方式趋于多样化（贺爱琳等，2014）。

生计策略集约化研究方面，主要集中在不同类型农户的生计与土地利用研究上。阿拉斯泰尔（Alastair，2001）等认为微观层面的农户生计分析要结合当地农业生产情况，以家庭为研究对象，对生计主体的发展影响机制进行深入探讨。阎建忠等通过实证分析三峡库区典型村，证实不同农户的土地利用集约度存在差异，其中纯农户和农业主导型农户的土地利用集约度最高，且农业主导型农户的土地集约度要高于纯农户，非农户的最低（阎建忠，2010）。李翠珍等研究发现大都市郊区的城镇化水平显著影响着当地农村土地非农化程度，都市郊区现代产业的建设可以促进周边农村经济发展，同时提升实证区域农户的生计多样化水平，使得农户土地利用方式各有不同。有的农户实现了土地高度集约利用开始完全从事农业生产；有的农户则从事非农兼业活动；有的农户将家庭仅有的耕地全部流转出去，完全脱离农业生产（李翠珍等，2012）。

生计策略迁移研究方面，主要集中在农户生计转型驱动因素研究上。在宏观层面，是指农户生计多样化指数、非农化程度的逐渐增加；在微观层面，是指农户的类型发展为农业种植大户、专业职业农户，或者由纯农户向一兼户、二兼户、非农户、多兼户依次渐变（张芳芳和赵雪雁，2015）。

3.2　可持续性生计框架

3.2.1　可持续性农户生计途径的基本概念

农户可持续性生计途径是指农户为了在长期内维持其生计并提高生活质量采取的一系列策略和措施。这些途径旨在满足当前需求的同时，保护环境，提高生产效率，降低风险，并促进社会和经济的可持续发展。

（1）可持续发展理论。

如何实现可持续发展，已成为当今国际社会共同探讨的问题。可持续发展理念贯穿古今，中国古代可持续发展的思想起源于"天人合一"，最早探讨人与自然关系问题的是卡尔逊（Rachel Carson），他在《寂静的春天》中初次提出了"可持续发展"一词，这是人类关注、研究自然的开端。此后，世界范围内的学者围绕人与自然的关系进行了广泛研究，并提出了可持续发展理论（赵林锁，2017）。1992 年在巴西里约热内卢召开的联合国环境与发展大会就可持续发展定义达成一致协定，即"既满足当代人的需求，又不损害后代人满足其需要能力的发展"。该理论强调经济、社会和环境之间的相互联系和平衡，旨在维持可持续发展模式，以减少自然资源消耗和环境破坏。这一理论强调长期视角，强调综合性的政策和策略，以促进全球可持续的社会、经济和环境发展。可持续发展理论在可持续生计研究中有重要的指导意义。

（2）可持续生计理论。

可持续性生计是以可持续发展的概念作为其构思理念，在

1991 年举行的联合国世界环境与发展委员会上，可持续性生计概念首次被明确提出来，定义可持续性生计为"要维持或提高生产率，确保资源、财产、收入活动等的拥有和获取，并要有足够的食品和现金满足基本的需要"（赵曼和张广科，2009），即家庭或个人所拥有的、能用于生计和改善长远生计状况的资产、技能及有经济价值的组合。1992 年，在联合国的环境和发展大会上，可持续性生计概念被作为大会的指导思想提出来，定义生计的可持续即为消除贫困。1995 年，《哥本哈根宣言》提出体现可持续性生计观念的号召："创造能推动社会进步的经济、政治、法律等环境，提高人民就业水平，实现教育和医疗卫生的平等。"同一时间段，钱伯斯和康威、辛格等都提出了可持续性生计的理念。钱伯斯等（Chambers et al.，1992）认为，生计可持续性是当人们在面对胁迫或冲击的情境中，能够从中恢复、维持乃至增加资产、保持甚至提高谋生能力、为下一代生存提供条件。同时无论在长期还是短期内，在当地还是全球范围里，能够为他人的生计带来净收益。辛格（Singh，2000）等认为可持续生计首先是消耗足够的食品和现金，以满足基本的需求，其次是要维系和提高资源的生产力，保证对资源、财产及收入活动的拥有与获得，但这种对于资源的获得和利用，不能影响他人目前或将来的谋生机会，稳定的生计即由此获得。英国国际发展署（DFID，2000）认为一种生计，只有当它能够应对，并从打击和压力、震荡中恢复，在当前并长远地维持甚至加强其能力与资产，同时不损坏自然资源基础，才是可持续性的。

（3）可持续生计途径的作用。

可持续农户生计途径是为了实现农户的生计改善和社区的可持续发展而采取的策略和方式。这些途径具有多方面的作用，旨在提升农户的生计水平、改善其社会生活状况和保护环境。

①资源保护与环境可持续性。可持续农户生计途径强调有效的

资源管理和环境保护，以防止土地、水资源和生态系统的过度消耗和破坏。这有助于确保农业生产和农村发展不会对环境造成长期的损害。

②经济可持续性。可持续农户生计途径鼓励农户选择高效的农业生产方式和经济活动，以提高农产品产量和质量，从而增加农户的收入和利润。这有助于提升农户的经济可持续性，改善他们的生计水平。

③社会公正和差距缩小。可持续农户生计途径注重社会公正，以确保资源和机会的公平分配。这有助于减少贫富差距，提高社会的稳定性与和谐性。

④多元化和风险分散。可持续农户生计途径鼓励农户多样化经济活动，从而降低季节性风险和市场风险。通过从事不同的经济活动，农户能够更好地应对不同类型的冲击。

可持续农户生计途径是一种旨在实现农户生计的经济、社会和环境可持续性的方式。这些途径不仅能够提高农户的收入，还能够增强他们的抗风险能力，同时保护自然资源，促进社会公正，以满足当前和未来世代的需求。可持续农户生计途径在改善农民生活、促进农村发展中具有重要作用，其核心原则有助于引导农户实现可持续发展。

3.2.2　可持续农户生计框架

在农户生计的相关研究和应用中，可持续生计概念与可持续生计框架常常配合在一起使用，经过不断发展，形成了多个形式多样并运用广泛的可持续生计分析框架。其中具有代表性的研究机构有英国海外发展部（DFID）、联合国开发计划署（UNDP）、英国牛津大学以及萨塞克斯大学的发展研究所（IDS）、英国乐施会

（Oxfam）等。

（1）英国海外发展部可持续生计分析框架。

英国海外发展部（DFID）的可持续生计分析框架（SLA）最早见于1997年英国国际发展部发布的国际发展白皮书中，DFID不断地对该分析框架进行研究和发展，由此形成了现在的以贫困人口为主要分析对象的可持续生计分析框架。DFID的分析框架也是在其他机构前期研究的基础上发展和完善而来的，尤其是IDS对该框架的形成有重大影响，更加注重以人为本的思想。该框架认为可持续性生计需要同时降低生计风险和提高生计恢复能力，还分析了人们在受到自然因素、体制政策因素等风险的冲击下，怎样优化现有的资产组合和配置，以最大程度提高生计水平，该框架的理论动态地反映出生计资本组成、生计在不同因素影响下的变化过程以及生计策略选择之间的相互关系和相互作用。DFID认为，根据应对脆弱性风险的冲击，不断调整生计组合和结构，提升生计能力，是实现可持续生计的重要途径。

DFID的可持续生计框架如图3-2所示，展示了生计构成的核心要素及其要素之间的关系，主要包括脆弱性背景，生计资本，人们面临的政策、机构和过程，生计策略和生计结果五个部分。

一是脆弱性背景。脆弱性环境或背景是指农户生存的不确定或风险环境。这种脆弱性或者风险环境是由变化的经济、社会、人口、政治、自然环境、气候等因素综合决定的，脆弱性背景/环境通常包括冲击、趋势、季节性三个方面（苏芳等，2009）；政策和制度及其过程化也被称作结构和制度的转变，指的是组织机构和相应政策制度的一种完善（苏芳等，2009），譬如林业管理部门的重新设计和退耕还林等生态补偿政策的实施就属于框架中的政策和制度及其过程化。

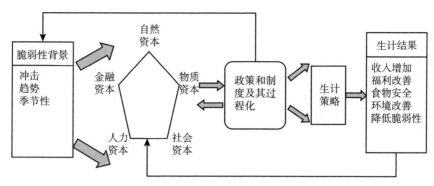

图 3 – 2　DFID 可持续生计分析框架

　　二是生计资本。农户无法完全掌握其脆弱性背景，然而，农户可以充分利用自身所具备的能力降低负面影响，直至降到最小，从而更好地适应环境，这种能力的直接体现就是农户所拥有的生计资本。此外，农户还可以利用生计资本改善生活状况。因此，生计资本是 SLA 的核心。

　　三是人们面临的政策、机构和过程。相对于脆弱性背景而言，政策、结构和过程则是他们不得不面对的人为的主观环境。政府通过其成立的部门，制定相应的政策以及相关规定，旨在帮助农户实现生计的可持续。然而由于政策本身的缺陷以及一些政策落实过程中的障碍，可能会使得政策在支持人们谋求生计过程中的效果大打折扣。这些问题之所以存在，重要原因之一是人们权利责任的不对等，贫困农户之所以贫困其根本原因在于自己的部分权利被剥夺。他们甚至在自身生计发展规划中，不能参与决策制定，不能充分表达自己的意见。对权利的剥夺是可持续生计分析框架特别重视的内容之一。

　　四是生计策略。在脆弱性背景或环境中，在既定的政策、机构和过程下，农户充分利用自己的生计资本，适应环境，改善自身的生计状况，而实现这些目标的途径就是他们所选择的生计策略。如果人们是理性的，在特定的环境下，人们必然选择最佳的生计策略，也就是说生计策略是人们对外界环境和自身因素综合考虑的直接反映。例如，农民的生计策略主要有从事农业以外的兼业活动和迁移。

五是生计结果。生计策略的选择直接决定生计结果，而生计结果又反作用于农户的生计资本。生计结果主要表现为收入的提高、生活状况的改善，以及权利的获得，从而影响其他资本。图 3 - 2 用一个二维平面图展示了 SLA 分析框架。由此可以看出，基于脆弱性背景，在政策法律与各项制度的相互作用下，生计资本作为可持续生计框架核心的状况，决定了生计策略选择的类型，进而导致相应的生计输出结果，生计结果又反作用于生计资本，影响资本的性质和状况，依次循环往复。

英国海外发展部（DFID）提出的可持续发展框架是一个综合性的理论和方法体系，旨在推动贫困地区的可持续发展和生计改善。这一框架基于可持续生计的核心理念，将不同类型的资本、能力、机会、策略和环境因素有机地结合在一起，以实现人们的经济、社会和环境目标。该框架的内涵包含了多个重要概念。首先，生计资本划分为人力、物质、金融、自然和社会五种类型，强调不同类型资本相互作用，支撑着农户的生计策略和发展。其次，框架关注农户的能力和机会，强调培养农户参与经济活动、获取信息和做出决策的能力。此外，政策和战略环境对生计的影响也受到重视，政府政策、市场规则、社会制度等都会影响农户的生计选择和机会。在这一框架中，可持续生计策略被视为农户根据自身资本、能力和机会制定的一系列战略。

（2）联合国开发计划署可持续性生计分析框架。

联合国开发计划署（UNDP）的可持续生计分析框架强调经济、社会和环境三个维度的综合性，以实现可持续发展。其特点在于它将农户和社区的经济活动与社会公平、环境保护紧密结合，以确保经济增长的同时不损害社会权益和生态平衡。这一框架强调生计多样性、社会关系、资源管理和市场准入等要素，以满足不同农户和社区的需求，从而促进整体可持续性。

（3）英国乐施会发展研究所可持续生计分析框架。

英国乐施会（Oxfam）发展研究所（IDS）的可持续生计分析框架着重于社会正义、权力关系和社会变革等方面，以促进包容性和可持续的发展。其特点在于将社会问题、不平等和权力分配作为核心内容，强调在可持续发展过程中确保社会公平和人权。

（4）美国援外合作组织农户生计安全框架。

美国援外合作组织（CARE）作为国际性的非政府组织，致力于推动贫困地区的社会与经济发展。在农户生计安全方面，CARE提出了农户生计安全框架，旨在支持贫困农户实现可持续的生计改善和发展。

但在众多生计框架中，DFID的可持续生计框架是使用最为广泛、最具有影响力的一个（武艳娟，2008；黎洁等，2009）。DFID的可持续生计框架之所以在众多生计框架中使用最为广泛、最具有影响力，是因为其综合性、政策支持、实践经验和持续改进等特点的综合效应。DFID的框架不仅综合考虑了生计的多个维度，从经济到社会再到环境，还得到政府层面的支持和资源投入，使其在政策制定和实施中更具权威性。多年来的实践经验使得该框架在应对实际发展挑战时更加实用，而与众多国际组织和机构的合作则拓展了其影响范围。持续的改进和适应性使得DFID的框架能够紧跟发展领域的新动态，从而成为一个被广泛采纳和推崇的可持续生计指导工具。

3.2.3　生计资本的相关概念

资产是可持续生计分析框架中应用最广泛的概念。资产五边形是可持续生计框架的核心部分，在脆弱的环境或背景下，人们的资产状况在生计资本五边形中被生动地展示出来，同时它还能反映五大生计资本之间的互相关系和存量大小，如图 3 − 3 所示。

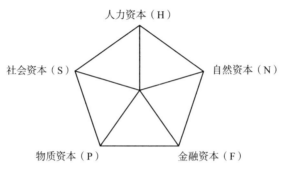

图 3 − 3　生计资本五边形

生计资本通常是指"个人或家庭可利用的用于谋生和发展的资源禀赋状况。一般而言，农户拥有的生计资本水平越高、组合特征越强，采取的生计手段和生计替代策略则越多样，实现更美好生活的经济承受能力和概率则越高"（何植民和蓝玉娇，2020）。斯库恩（Scoones，1998）最早提出生计分析框架，他从生计可持续性角度出发，并将生计资本分为自然资本、金融资本、人力资本和社会资本，认为人们即使在面对外部环境的压力下，仍然能够采取理性行动，以维持和改善生活方式，且不破坏自然环境，这种生计才具有可持续性。而国内学者大部分也延续了国际上关于生计资本的这种分法，比如肖祥（2017）也将生计资本分为自然资本、人力资本、金融资本、物质资本和社会资本五个部分。而本书所采用的生计资本维度是英国国际发展机构（DFID）关于生计资本的划分，包括自然资本、人力资本、社会资本、物质资本、金融资本五个部分。综合来看，生计资本是农户维持其生活和生产所需的多个要素的综合体现。这些资本相互影响、相互作用，共同塑造了农户的生计状况和发展机会。

（1）自然资本。

自然资本是描述自然资源存量的术语，泛指生计的资源流及相关的服务。这种自然资本又可分为无形的公共资本（大气、生物多样性）和有形可分的直接用于生产的资本（土地、树木等）以及生态服务。这种自然资本与脆弱性背景联系最为密切，农户的生计对自然资源的依赖性普遍较强。

（2）物质资本。

物质资本包括用以维持生计的基本生产资料和基础设施，其意义在于提高农户的生产力。生产资料是指人们为了提高生产效率所使用的设施，往往通过租赁或有偿服务市场被个人或集体所拥有。

（3）金融资本。

金融资本是指在消费和生产过程中人们为了取得生计目标所需要的积累和流动。这里的定义并不仅仅指经济学上的范畴，原因在于它包括流量和存量两个部分，并有助于生产和消费。这种资本一般来源于两类：一类是现有的存量（如储蓄），另一类是定期的资金流入（如抚恤金）。

（4）人力资本。

人力资本代表着知识、技能、能力和健康状况，它们能够使农户去追求不同的生计手段并取得相应的生计目标。人力资本的内在价值在于它能更好地利用其他四种生计资本，从而取得积极的生计结果，因此它是最为基础的生计资本。

（5）社会资本。

在可持续生计背景之下，社会资本意味着人们在追求生计目标的过程中所利用的社会资源。社会资本的作用是增强人们的相互信任和相互之间的合作能力，并使其他机构对他们的需求给予更及时的反应。

生计资本是可持续生计分析框架的核心，具体指个人或家庭进行资产利用、组合及生计策略选择的基础，代表生计主体所具有的生计能力（袁梁等，2011）。目前有关农户生计资本的研究主要集中在分析生计资本类型及其影响因素上。在生计资本类型划分方面，国内外学者对生计资本类型划分的差异不大，大多数学者利用可持续生计分析框架，分别探讨不同类型农户五种生计资本的特征及其生计策略选择（黎洁等，2009；苏芳等，2009）。在生计资本影响因素方面，主要视角是在贫困环境下农户如何利用自身资产维持生计。国外学者马尔扎诺（Marzano，2002）依据可持续生计框架，实地观察了斯里兰卡一个村庄农户在面临自然灾害或其他生计风险冲击时，所能利用的资产资源及采取的生计方式。埃利斯（Ellis）分别利用了 2003 年、2006 年两期数据，并根据实证结果及现实情况提出了当地农村减贫建议（Ellis，2003，2006）。曹树余（2018）调查发现我国部分地区存在农户的生计资本匮乏、差异大、形式落后等现实问题。因此，有必要依靠政府政策促进农户实现生计资本的组合优化和生计转型，建议以发展人力资本为主线培育农户生计发展能力。徐鹏等（2008）构建了西部地区一千多户农户的可持续生计资产分析框架，运用因子分析法分析研究区域农户的生计资本及策略现状，提出了如何促进发展实证区域农户生计可持续的建议。杨云彦和赵锋（2009）发现实施南水北调的湖北库区农户家庭的生计资产有较大变化，其中最突出的生计问题是有效劳动力的缺失导致的人力资本供给不足。

3.2.4　可持续生计方法的使用原则

可持续生计分析方法抛开了过去以整体经济状况为研究对象的做法，与当地实际情况紧密结合起来，更加有针对性地对一些地区的发展状况予以具体研究。不同的地区面临不同的现状，可持续生计在使用过程中也表现出很大的灵活性。随着外界环境发生变化，可持续生计方法的具体操作方面随之变化，但对于可持续生计方法的四个思想原则不得有任何改变。

原则一：以人为中心。可持续生计方法将人视为发展的核心。多年的发展经验表明，农户的问题最终还得由农户自己解决，政府和外界援助机构可以为农户提供帮助，但是要充分考虑到农户的主体地位。从实践角度来看，首先要把对农户生计的分析以及生计如何随着时间改变作为研究的起点，农户要充分参与并表达自己的意见；其次分析政策和制度安排对农户的影响，指标的选取要充分考虑农户的意见。从效果的角度来看，生计是否得到改善，农户有最终的发言权，要将农户的意见作为评估生计状况好坏的重要标准。

原则二：将生计建立在优势的基础上。可持续生计方法首先分析的不是农户需要什么，而是农户目前拥有什么。一切以农户的实际出发，充分挖掘他们的固有潜能，包括社会关系、物质资源和基础设施以及任何其他能够提升生计的因素。以生计为中心的发展思维，强调的一个关键目标就是要消除制约人们释放潜能的约束，让他们有更强的生计能力以实现他们的目标。

原则三：可持续生计的动态性。由于外部条件即农户面临的脆弱性背景和政策结构过程不断变化，为了使生计可持续，人们所采用的生计策略也应处在动态发展当中。一种生计在原来的环境中是可持续的，但是当外部环境发生变化后，生计可能就不再可持续；同理，同一环境对不同人来讲，生计的可持续性也不尽相同。对变化的理解和分析能够使人们支持积极变化，应对和消除消极变化。可持续生计方法清楚地阐明了外部冲击对人们生计的影响以及影响的不可预测性，而建立动态性的生计策略，拓宽生计分析范围，需要持续地调查以了解其复杂的本质，以及原因和效果的双向关系以及事情之间的相互联动关系，这也是我们对该方法进一步研究的方向之一。

原则四：重视宏观和微观的联系。一般而言，促进发展的活动既关注微观层面，也关注宏观层面，而生计方法需将两者结合起来，强调宏观政策和制度对社区和个人生计选择的影响，也重视地区和个人自身的差异。在过去，人们往往更多地采用一些宏观指标，如GDP、平均指标、人均收入等来衡量一国或地区的发展状况，这一方法的显著缺陷就是忽略了个体的差异。世界各国的发展经验表明，尽管国家整体的状况取得巨大改善，但由于机会的不平等、权利的剥夺，相当一部分人被排斥在发展成果之外。因此，要在考虑宏观层面的同时，更注重微观个体的情况。

上述四个原则正是可持续生计的意义所在，但由于生计选择和环境的复杂多变，二维平面图并不能对现实状况做出十分精准的描述，所以在运用可持续生计方法时要在遵守上述原则的前提下，根据具体情况进行相对灵活的处理。

第4章 农户可持续性生计资本评价指标体系

4.1 指标选取原则

依据英国海外发展部（DFID）于 2000 年提出的可持续生计框架，此次研究在选取农户生计资本测算指标时，调研队伍结合现有的研究数据以及成果，基于调研地区的自然禀赋、社会经济条件和农户生产生活情况，从自然资本、物质资本、人力资本、社会资本和金融资本 5 个方面共选取了 19 项评价指标，考虑到实地情况以及乡村振兴的大背景，本次研究还新增了政策资本、文化资本和控制变量，共 7 个方面 27 项评价指标。在对可持续性生计资本评价指标选取上，应尽可能地遵循以下几个原则。

（1）科学性原则。

科学性是指指标体系的设置要具有科学性和合理性，要能够全面反映农户可持续生计情况，即农户可持续生计的评价指标必须能准确表达农户可持续生计的内涵。因此要求评价指标的建立必须有客观依据，基本概念应严谨合理，结构上也需要有较强的逻辑关系。同时应从科学的角度出发，利用现有的科学理论，系统而准确地理解和把握农户可持续生计的实质，并与研究的目标相对应。

衡量评价指标选取得是否科学，一方面取决于农户可持续生计评价指标是否符合客观实际，是否符合已被实践及现状所证明了的科学理论；另一方面取决于评价指标评价的结果是否能够经受时间的考验。

（2）系统优化原则。

评价指标是互相联系和互相制约，指标之间存在横向与纵向之间的联系，有的起相互制约作用，有的则存在相互联系。有些指标是横向联系的，反映了不同参与者之间的相互制约；有些指标是纵向联系的，反映了不同层次之间的有限关系，通过对不同对象之间的比较，找出共同点，按共同点设计评价指标体系。对于各种具体情况，采取调整权重的办法，综合评价各对象的状况再加以比较，例如对于相同性质的农户来说，往往很容易取得可比较的指标。同时，选取指标时应保证同一层面的指标之间的界限尽可能清晰，这样就不会形成内部关联的指标体系，体现出明显的系统性。

①指标数量的多少及其体系的结构形式，要以系统优化为原则，即更全面、更系统地反映评估内容，使用更少的指标（数量更少、层次更低）去体现农户可持续生计情况，既避免指标体系过于杂乱，又避免对个别因素的特别关注，力求评价指标体系的整体优化。

②评价指标体系要统筹兼顾各方面的关系，由于同层次指标之间存在制约关系，因此在设计指标体系时，应该兼顾各方面的指标。在构建评价指标体系时可以采用系统的方法，例如系统分解和层次结构分析法（AHP），由总指标分解成次级指标，再由次级指标分解成次次级指标，这三个层次分别被称为目标层、准则层和指标层，并组成了树状结构的指标体系，使体系内的各个要素及其整体结构都能满足系统优化要求。简言之，通过各项指标之间的联系方式和合理的数量关系，体现出对上述各种关系的统筹兼顾，使评

价指标体系的整体功能最优，客观全面地评价系统的输出结果。

（3）实用性原则。

实用性指的是可操作性以及可行性。

①指标应简化，问卷简单明了。本次研究的对象是农户，农户由于受地区教育资源的限制，其知识储备很难适应过于学术的指标描述，因此在选取指标时，应贴合农户实际情况，切勿选择一些过分学术或难以回答的指标，评价指标体系应有繁有简，计算和评价方法应简单易行。也就是说，评价指标体系不应过于复杂，在原则上能保证评价结果客观、完整的情况下，应尽量简单，减少或取消对评价结果影响微乎其微的指标。

②数据要易于获取。评价指标所需的数据需要容易采集，无论是定性评价指标还是定量评价指标，其信息来源渠道必须可靠，并且容易取得，否则会导致评价工作难以进行或过程中所耗费的人力、物力代价太大。

③整体操作要规范。对于各项评价指标，必须严格对应正确的计算方法，各项数据都要做到规范化和标准化。

④严格控制数据的准确性。能够实行评价过程中的质量控制，即对数据的准确性和可靠性加以控制。

（4）目标导向原则。

评价目的是引导评价对象向正确的方向和目标发展，例如在本次研究中，构建可持续性生计资本评价指标体系是为了帮助和引导农户家庭更好地实现生计转型，在乡村振兴的大背景下助推农村发展，使农户过上更富裕的生活，使农村经济得到进一步的发展。因此在指标选取的过程中，需要时刻牢记目标导向原则，指标需要切切实实地反映有关的内容，不能将与评价对象、评价内容无关指标选取进来。

目标导向原则在研究进程中主要体现在通过对现有的有关可持

续生计研究文献的大量阅读，对规划文本中的评价指标进行分类汇总。在前者的基础之上，根据上述指标选取的相关原则，对五个资本类别所汇总的指标进行筛选与剔除；最后，通过多渠道查阅调查地区的统计数据等方式，根据调查地区的实际情况，具体问题具体分析，有针对性地对评价内容中部分缺失的指标进行补齐，从而确定最终的评价指标集合。

4.2　各级指标的定义与测度

在国内，有关可持续生计的研究多是基于 DFID 的研究结果。在第 2 章中提到，资产是可持续生计分析框架中应用最广泛的概念。在西方经济学的理论体系中，资本是指具有经济价值的物质财富或生产性的社会关系。它属于投入的一部分，资产的状态取决于现行的组织结构、程序规则及其变化过程，以及行为者处理这些程序环境的能力。相对而言，拥有更多资本的人通常有更多的选择，而人们有了更多的选择，就有能力运用一些政策措施来保障自己的生计安全。而不同资本类型作用于人身上也会有不同的效果，就像钱包一样，不同的钱包可以达到不同的生存结果。而生计，在我国现代汉语词典中的意思是维持生活的办法。将"生计"放在农村发展研究的背景下，"生计"一词比"工作""收入""就业"有着更丰富的内涵和更广泛的范围，能够比国家更全面地描述农村低收入人口的生存状况，同时更有利于了解这类群体在生计与生存中所采取的策略。

生计资本影响和反映着农户的基本生计状况，同时也是缓解贫困并最终消除贫困的重点。消除贫困的主要目标是稳定生计，以往农户普遍选择单一的行业，即仅仅靠种植农作物维持生计，收益情况不是那么乐观，且易受很多因素影响，稳定性不强。深入了解生计资本，通过各个生计资本的组合搭配，帮助农户选择更优的谋生手段，有利于解决好农户的生计问题，增强农户的自身发展能力，对于农业农村的健康发展也有着关键性的作用。以下部分将以资本类别的不同点分别阐述各类资本的定义及测度。

4.2.1　人力资本指标及测量

（1）人力资本的定义。

一般情况下，人力资本可以从数量和质量两个方面来衡量。数量方面，人力资本涉及劳动力的总体数量，即可用于生产和劳动的人口数量。这包括劳动力的规模和比例等因素。在农业领域，劳动力的数量直接影响着农户能否有效地利用其他形式的资本。而在质量方面，人力资本包括了劳动者的教育程度、健康状况、技术技能和专业知识等细分因素。教育程度是人力资本质量的重要指标之一，受过良好教育的劳动者通常具备更高的技能水平和更广阔的就业机会，能够更有效地参与经济活动。同时，健康状况也是人力资本质量的关键因素之一，身体健康的劳动者更有能力和精力从事各种劳动活动。

技术技能和专业知识也是衡量人力资本质量的重要因素。随着科技的发展和经济的转型，劳动者需要具备适应新技术和新工作环境的能力，具备先进技术和专业知识的劳动者才能够更好地适应不断变化的需求，并提高生产效率。

从劳动力受教育程度的角度出发，消除贫困是农户可持续生计转型的最主要目标之一，由于缺乏基本的发展技能和发展选择的机会，贫困农户无法通过信息传播、现代教育、知识溢出和社交网络来提升人力资本。随着我国农村劳动力市场发展的不断完善，农村职业教育对农村家庭作用的显著性不断提高，同时人力资本中的健康资本可以增加劳动参与和非农就业机会，改善个人体质，增加抵抗疾病的能力，提高劳动生产率。从长远来看，会减少陷入贫困的可能性（陈厚基，1994）。

人力资本代表着个人所掌握的知识、技能、能力和健康状况，农村劳动力是影响农村经济发展的关键因素，具体是指在农村地区负责农业生产活动所具备的劳动能力。人力资本理论指出，人力资本能对经济起生产性作用，农村及农户的贫富程度由人力资本直接影响，它很大程度上能够使人们去追求不同的生计手段并取得相应的生计目标。人力资本质量较好，就能更好地掌握生存技能，具备生计转型的重要条件，从而具有更丰富的生计转型选择，同时能更顺畅地适应生计转型。此外，丰富的人力资本可以加速资本的积累，促进个体和家庭收入的增加与经济的增长。深入了解人力资本可以帮助有关部门有针对性地提升人力资本要素，突破农户增加收入的瓶颈、改善其生存状况，帮助农户实现可持续的生计转型。

（2）人力资本指标测量。

根据实地调研村镇的具体情况，本次调查研究把人力资本的指标层划分为劳动力规模（H_1）、文化水平（H_2）、身体健康状况（H_3）、家庭成员职业技能（H_4）四个变量，具体的指标说明如下：

劳动力规模（H_1）：指家庭全部成员的劳动能力，以青少年、成年人以及老年人作为划分标准，从农户及农户的家庭角度出发，劳动力规模的大小几乎直接决定着家庭的收入问题，因此劳动力规模是研究人力资本必不可少的指标之一。

文化水平（H_2）：指农户家庭主要劳动力的受教育程度之和，受教育阶段主要划分为文盲、小学、初中、高中、大专及以上。

身体健康状况（H_3）：指农户家庭成员身体健康状况，具体的指标赋值为残疾、重大疾病、一般与健康。

家庭成员职业技能（H_4）：指农户所从事或拥有的职业技能的类别，可将其赋值为农业技能、非农业务工技能、个体户经营技能与其他。

根据上述指标层的划分以及相关的指标说明，人力资本指标的测量可见表 4 - 1。

表 4 - 1　　　　　　　　　　农户人力资本测量指标

指标体系	解释	具体赋值
劳动力规模（H_1）	家庭全部成员劳动能力	6 ~ 12 岁青少年为 0.2，13 ~ 18 岁青少年为 0.6，19 ~ 60 岁成年人为 1，61 ~ 75 岁老年人为 0.5，75 岁以上为 0
文化水平（H_2）	农户家庭主要劳动力受教育程度之和	文盲为 0，小学为 0.25，初中为 0.5，高中为 0.75，大专及以上为 1
身体健康状况（H_3）	农户家庭成员身体健康状况	残疾为 0，重大疾病为 0.25，一般为 0.5，健康为 1
家庭成员职业技能（H_4）	职业技能类型	农业技能为 1，非农业务工技能为 2，个体户经营技能为 3，其他为 4

4.2.2　自然资本指标及测量

（1）自然资本概述。

国内外对自然资本的定义大致可以分为以下几类。

①自然资本是指自然资源和环境的综合概念。学者对于自然资

本的定义存在不同观点。一些学者认为，自然资本就是自然资源的质量和数量；而另一些学者认为，只有在人类的活动或工程作用下，自然资源的价值才能增加，从而被称为自然资本。范进等则认为，自然资本主要指人造自然资源，并包括以下四个方面内容：自然资源总量和利用率、废物吸收和转化能力、生态潜力以及生态质量与生态系统的总使用价值。

②自然资本被定义为具有与自然资源相等的经济价值。它是一种广义的概念，包含了自然资源以及自然环境所具有的经济价值。自然资源指的是地球上存在的各种物质和能源，如土地、水、矿产、森林和渔业资源等。而自然环境指的是自然界的各种生态系统、气候、大气和水体等。这些自然资源和自然环境都具有在经济活动中发挥重要作用的经济价值。

③自然资本的经济价值可以从多个方面进行衡量。自然资源是人类社会生产和生活的重要基础，它们提供了各种各样的原材料和能源，支持着工业生产、农业发展和能源供应等经济活动。同时自然环境也起到了调节和支持生命系统的重要作用，生态系统通过提供清洁的空气、可持续的水资源和恶劣天气的缓冲，对人类的生活和经济活动产生积极影响；美丽的景观和生态旅游资源，也为旅游业带来收入和就业机会。

将自然资本视为具有经济价值的自然资源和自然环境，这样的定义使人们更加意识到自然资源和自然环境的重要性，并促进了对其可持续管理和保护的关注。正确认识和评估自然资本的经济价值，有助于实现经济发展与生态环境保护的协调发展，确保资源的可持续利用和未来世代的福祉。

这类定义强调自然资本并非孤立存在的，而是由数千个相互作用的物种持续运作的结果，可以将自然资本视为支持生命的生态系统的集合。一些学者认为，自然资本包括了支撑生命系统的整体生态系统，而环境则是自然资本的源泉。因此，自然资本涵盖了自然资源、生物多样性和生态系统等要素。

④自然资本是指能够提供有用产品和服务的现有或潜在的自然资源和环境资产存量。它被视为一种广义的资本，包括了多个方面的资源和环境要素。根据一些学者的观点，自然资本可以分为三大类别：土地资源、构成各种生态系统的无机物种以及储存在地壳和大气中并为生产提供原材料并吸收废弃物的物质资源。

土地作为一种稀缺资源，对人类社会的生产和生活至关重要。它不仅提供了可用于种植粮食和农作物的耕地，还为工商业和住房建设提供场地。构成各种生态系统的无机物种也是自然资本的一部分，这些无机物种包括森林、湿地、水域和草原等生态系统中所存在的非生命物质。它们形成了丰富多样的生态环境，支持着生物多样性的存在，并提供了许多重要的生态服务，如水源涵养、土壤保持和气候调节等。

自然资本还包括储存在地壳和大气中的物质资源。这些物质资源包括矿产、石油、天然气和固体废弃物等。它们是为工业和能源生产提供原材料的重要来源，并扮演着支撑经济发展的关键角色。此外，这些物质资源还可以吸收和处理废弃物，起到环境净化和循环利用的作用。

将自然资本划分为土地资源、构成生态系统的无机物种和储存在地壳及大气中的物质资源，能更全面地认识到自然资本的多样性。充分理解和有效管理自然资本，对实现可持续发展目标非常重要，既能满足当前的社会经济需求，又能保护自然环境的健康与可持续性。

（2）自然资本的基本特征。

①自然资本一般资本属性。自然资本的延伸是将传统资本概念应用于自然生态系统中。这种延伸的原因在于自然资本保留了传

统资本的基本特征。

自然资本具有持续增长的特点。作为一种财富，自然资本为现在和未来的人类带来各种利益和贡献。自然资本的功能主要体现在以下几个方面：生产功能使得地球能够产出各种物质并提供资源；环境功能为人类和其他生物提供适宜的栖息地和生存环境；调节功能使自然资本能够调控生态过程，维持空气、水和土壤的正常状态；服务功能通过提供宜人的自然环境来改善人们的福祉。

这种延伸将传统资本的概念应用于自然资本，强调了自然资本与人类社会和经济活动的关系。同时，它也提醒我们认识到自然资本的重要性，并意识到我们需要保护和管理自然资本以实现可持续发展。充分理解自然资本的特点和功能，我们可以更好地利用它的优势，形成经济繁荣和生态健康的双赢局面。然而，自然资本的增长也存在一定的局限性：当人类活动超过自然资本的承载能力时，就会破坏良性循环。因此，人类目前需要投资于维持自然资本的良性循环。这意味着我们需要采取措施来保护和恢复自然资本，以确保其能够持续地为人类社会提供所需的各种资源和服务，包括实施可持续的资源管理策略、推动生态修复和保育项目、促进环境教育和宣传等。通过这些投资我们可以确保自然资本的持续增长，并为未来的人类社会创造更好的生活条件。

这样的转变提醒我们要意识到保护和管理自然资本的重要性。只有通过积极的干预和可持续的资源管理，才能确保自然资本的延续和可持续利用。如农业领域，采取相关措施来减缓自然资本的损耗，并推动可持续发展的理念在各个领域的应用。通过这些努力，我们可以为未来创造更好的生活条件，使自然资本能够持续地满足人类社会的需求。

技术水平的提高和经济规模的扩大使得过去看似充裕的自然资本如今变得有限。因此，人们不得不将自然生态系统视为一种中间产品，对自然生态资源进行积累和投资以获得更大的回报。

自然资本具有双重性。一方面，自然资本遵循生态规律，可以自行移动和增值，不会被破坏或滥用。这是自然资本的自然属性。当人类社会生产力低下时，人们对自然资本的需求和影响力有限，自然资本可以通过自身的运动和增值来恢复。在这种情况下，我们可以忽略人类对自然资本的影响，将小额、低质量的折旧费用折旧到大约为零，而无须补偿。另一方面，自然资本又具有社会资本的属性，这意味着自然资本在耗尽时必须不断得到补偿，持续保持资本存量的增长，以获得更高回报。但与一般资本投资不同的是，一些生态经济学家主张将不可再生自然资本的开发利用所得收入再投资于发展可再生自然资本，以保持自然资本总价值的稳定。因此，自然资本的二重性要求人们尽可能地促进自身流动和增值，以降低投资成本，实现收益最大化。

②自然资本投资效益的不确定性。区域间的不确定性有利于投资，同时自然资本有区域间溢出的特征。服务影响大、涉及人群多，受益者与受害者难以区分，影响程度也难以准确衡量。这给自然资本的使用决策带来了很大的困难。

自然资本投资受益者的不确定性涉及以下几个方面：首先，由于自然资本服务具有跨区域溢出的特点，一些人的投资行为可能会给整个社会带来好处，而另一些人的误用可能会给整个社会带来危害。这种情况使得个人利益与社会利益、眼前利益与长远利益、局部利益与整体利益之间产生了矛盾。由于这种利益的不确定性，对于自然资本的合理利用和保护，不同的人存在着分歧，部分人更关注个人或短期利益，而忽视了自然资本的长期维持和社会整体利益。这种分歧导致了在提供生态服务的长期过程中，自然资本逐渐收缩或遭受损害。为解决这些问题，要采取综合性的措施，例如加强对自然资本的价值认知，引导人们将长远利益纳入考虑范围；建立有效的政策和制度框架，以确保自然资本的可持续管理和保护。同时，促进公众参与和合作，形成共识和协同行动，以平衡个人利益和社会整体利益。

这些措施可以更好地应对自然资本投资受益者的不确定性问题，实现自然资本的可持续利用和保护，同时可以确保自然资本能够持续地为社会提供生态服务，为当前和未来的人类创造更好的生活条件。

（3）自然资本的定义及影响。

从政治经济学的观点来看，某个地区的财富并非它所拥有的货币量，而首先决定于该地的自然资本和人力资本，由此可见自然资本对农村及农户生计的重要性。自然资本被认为是描述自然资源存量的术语，泛指生计的资源流及相关的服务。它可以分为无形的公共资本（如大气和生物多样性）和可直接分割的用于生产的物质资本（如土地和树木），还包括生态服务（苏芳，2009）。将自然资本放在农村范畴来说，自然资本涵盖了用于维持生计的基本生产资料和基础设施。对自然资本加以利用，旨在提高低收入人群的生产力并协助他们改善生计。

从生计资本与自然资本的关系来看，在市场、制度、政策和自然等因素构成的风险环境中，农户个人或农村家庭所拥有的自然资本会影响他们的选择。自然资源可以维持农户的生计，并提供改善生计水平和抵御风险的能力。那些拥有更多自然资本的人往往有更多的选择和能力来识别和利用机会，以确保其生计安全和自然资源的可持续利用。而那些没有资本或资本较少的人，他们往往缺乏开发替代资源的能力，容易受到自然灾害的影响，缺乏应对环境变化的缓冲能力，并且过度依赖免费的自然资源，从而加剧了环境退化。

从自然资本与自然资源的关系来看，自然资本是指生态系统存量通过生态环境和活动的自我运动，产生满足人类当前和未来需求的各种产品和服务。与此相反，自然资源是一个静态的概念，通常被视为最终产品，其主要特点在于其效用。而自然资本则是一个动态的概念，被认为是一种中间产品，其主要特点在于其增值属性。自然资本强调资本的一般属性，而自然资源更注重自然环境的自然属性（完颜素娟，2009）。

自然资本与自然资源的关系是一个动态的过程，而自然资本、生态资本和环境资本则代表了不同概念和属性。准确理解这些概念之间的差异和联系，有助于我们更好地管理和保护自然资本，并在人类社会与自然环境的相互作用中实现可持续发展。

从本研究的定位和研究核心来看，农村自然资本是农民所拥有的自然资源禀赋。享有自然资源的农民的基本生存或进一步发展离不开资源本身。自然资源是农民的生计要素之一，资本的运用不能单独实现，必须与其他资产、资本结合起来进行开发，才能发挥最大效益。其中，农业自然资源是指自然界中可供农业生产使用的物质和能源，一般指水、土地、生物等各种气象要素和自然物体，不包括煤炭、铁等矿产资源以及石油和风能、水力等资源。同时，在当前农村环境下，自然资源仍然是农村发展和农民增收的源泉之一，而耕地往往是农民重要的自然资源之一，关系到农民的生活或生产活动，以及农民的安全心理保障；林地及其他可利用的自然资源也对农户的生计起重要的作用，因此农户在利用好自然资源的基础上，如果不能将自然资本与其他资本有效组合，自然资本也会成为阻碍农户生计转型与经济发展的瓶颈。将自然资本作为构建农户可持续生计评价指标之一，查明调研地区的自然资源情况，对实现农户转型及经济增长有重要意义。

（4）自然资本指标测量。

根据对相关文献的参考以及现实情况，本次研究把自然资本的指标层划分为农户耕地面积（N_1）、农户林地面积（N_2）和其他（N_3）三个变量。农户耕地面积指农户拥有的耕地面积，农户林地面积指农户拥有的林地面积，其他指的是除了耕地与林地外，农户所拥有的园地、鱼塘等面积。

根据上述指标层的划分以及相关的指标说明，自然资本指标的测量可见表 4 - 2。

表 4 - 2　　　　　　　　　　农户自然资本测量指标

指标体系	解释	指标说明
农户耕地面积（N_1）	农户拥有的耕地面积	以数据形式呈现
农户林地面积（N_2）	农户拥有的林地面积	以数据形式呈现
其他（N_3）	农户拥有的园地、鱼塘等面积	以数据形式呈现

4.2.3　物质资本指标及测量

（1）物质资本概念。

物质资本包括基本生产资料和用于生存的基础设施，其目标是提高低收入群体的生产力并帮助他们获得更好的生计。生产资料是指用于提高效率的设施，通常为个人或集体所有。此外，农民拥有的房屋和耐用消费品也可以作为潜在的物质资本，在家庭面临风险或危机时作为抵押品；基础设施是指用于支持生计、提高生产力的无偿公共产品。

（2）物质资本测量。

根据调研村镇的实际情况，本次研究将物质资本指标细分为牲畜数量（P_1）、住房面积（P_2）、住房情况（P_3）、家庭耐用品数量（P_4）和交通工具（P_5），共五个变量。牲畜数量即家庭养殖牲

畜数量总和；住房面积即房屋面积，以平方米作为测量单位；住房
情况按照住房结构类型及安全等级来赋值，住房结构类型有木质
结构、砖和木结构、砖和混凝土结构、纯混凝土结构；家庭耐用品
数量以数据形式呈现；交通工具按工具等级赋值，交通工具类型划
分为汽车、摩托车或电动车、自行车。

　　根据上述指标层的划分以及相关的指标说明，物质资本指标的
测量可见表 4 – 3。

表 4 – 3　　　　　　　　　　农户物质资本测量指标

指标体系	解释	指标说明
牲畜数量（P_1）	家庭养殖牲畜的数量总和	鸡、鸭、鹅为 0.2；羊为 0.8；猪为 0.3；牛为 1
住房面积（P_2）	房屋面积（单位：平方米）	80 为 1；81～100 为 2；101～120 为 3；121～140 为 4；大于 140 为 5
住房情况（P_3）	按结构类型及安全等级赋值	木质结构为 0.25；砖、木结构为 0.5；砖、混凝土结构为 0.75；混凝土结构为 1
家庭耐用品数量（P_4）	家庭耐用品拥有数量	以数据形式呈现
交通工具（P_5）	按工具等级赋值	汽车为 1；摩托车/电动车为 0.65；自行车为 0.35

4.2.4　金融资本指标及测量

（1）金融资本的定义。

　　金融资本指的是农户家庭可以支配的金融资产和获得的外来资
金援助，在这个定义的基础上，最常见的金融资本指标被细分为收
入状况、获取补贴的现金情况、从信贷机构正规贷款的情况等。

关于补贴的现金状况，目前在农户家庭中，财政资金缺乏现象普遍存在，造成了农户家庭各种生计资本间的协调性整体较差。近几年，随着对农村改革问题的关注，有关部门出台了一系列的补助政策，补助数额也是农户在选择经营方式时要考虑的因素之一。

再者关于信贷机构的贷款情况，农户家庭能否得到信贷，主要取决于现有农村金融市场。但是，在目前阶段，农村金融制度还存在着如下问题：

①农村地区的金融供给与需求之间不平衡。改革开放后，我国农村金融改革取得了一些成绩，农村金融组织也有了很大的发展，但是总体而言，农村金融供求关系很不平衡，主要体现在多数农村金融机构（如农村商业银行）由于人情贷款、管理机制落后等问题，其社会效益不高，不能保障农村经济发展的需求。

②农业正规金融机构的贷款发放不均衡。随着"三农"问题的不断深入，金融机构的农业贷款在逐年增加，大量的农村资金也不能真正地用于农户生产。

③农户信贷需求受到抑制。农业在中国各产业发展中一直处于弱势地位，没有形成开放、成熟的市场，自身对金融需求水平较低。中国农村典型的小农生产模式，农业生产力发展水平较低，与其他产业相比较，农业的单位投资收益比较低；农业靠天吃饭的特点导致信贷风险大，金融机构为规避风险，会选择控制其信贷规模。国家财政支农规模近些年来虽一直有较大幅度提升，但还是同农业对国民经济的贡献有较大差距。同时，由于小农生产模式下，农业缺乏规模化、集约化、信息化、产业化经营，农户信贷需求具有无抵押、贷款额度小、高度分散、信贷周期短等特点，金融机构因为信贷成本高、风险大、利润低，致使其缺乏信贷积极性，整体上农户的信贷需求受到了抑制。

④农村金融市场的生态环境恶化导致了重大问题。第一，农村

信用制度不健全以及信息不对称导致金融机构对信贷交易的误判，导致信贷交易成功率低，增加了交易成本。第二，农村金融机构对农户的承贷能力和贷款条件进行限制，导致慎贷和拒贷现象。第三，部分农村金融需求主体存在恶意逃贷行为，使得金融机构为规避风险减少放贷数量和规模。第四，由于农村金融需求的特点以及金融市场本身存在的问题，正规金融机构放弃农村市场，农村资金流向城市和非农领域。第五，农村企业和农户面临严重的贷款不足问题，银行机构对农业贷款数量偏少，国家批准的新型农村金融机构如村镇银行数量也有限，使得农村企业和农户只能通过非正规渠道满足贷款需求。这种恶化的农村金融生态环境导致农村信贷资金外流，严重削弱了金融市场的能力和可持续发展性。

从以上分析可以看出，当前我国农村金融发展受到农村金融供需发展不平衡、正规农业金融机构贷款发放不平衡等问题的制约。农业农村经济发展需要大量资金注入，迫切需要更加多元化的金融服务体系，特别是农村金融服务体系。小农户贷款需求不断增长，但由于农业风险大、投资回收周期长、农业融资成本高等原因，农村金融机构往往将利润放在自身生存和发展的首位，导致利率受到限制。同时，农业和农民对信贷的需求弱于其他行业，导致农村资金不断流出农业部门。

农村金融制度所存在的问题，一定程度上可以从金融资本指标反映出来，农户家庭的信贷情况是本次研究中金融资本指标所需要收集与调查的重要数据之一。

（2）金融资本测量。

根据调研村镇的实际情况，本次研究将物质资本指标细分为家庭总收入（F_1）、现金信贷机会（F_2）、现金援助机会（F_3）。家庭总收入指的是每个农户家庭的收入情况，以万元作单位；现金信贷机会为二分变量，指有无获取信用贷款的机会；现金援助机会同样为二分变量，指有无从政府或亲戚朋友等渠道获取相关补贴的机会。

根据上述指标层的划分以及相关的指标说明，金融资本指标的测量可见表4-4。

表4-4 农户金融资本测量指标

指标	解释	指标说明
家庭总收入（F_1）	每户收入（万元）	1万元以下为0，1万~3万元为0.25，4万~6万元为0.5，7万~9万元为0.75，10万元及以上为1
现金信贷机会（F_2）	二分变量：有无获得信贷的机会	有为1；无为0
现金援助机会（F_3）	二分变量：有无获得政府补贴或亲戚朋友的金钱帮助	政府：耕地、林地补贴 金钱帮助：有为1；无为0

4.2.5 社会资本指标及测量

（1）社会资本的概念。

社会资本是指农民可以利用的人际信任、社会网络等社会资源（涂丽，2018）。在我国长期形成的乡村文化中，农民遇到困难总是优先向亲友求助，同时，担任村干部是农民资本社交最鲜明的一面。"行动对象"和"资源"两部分共同构成了一个社会系统：行动者拥有一定的资源，并通过交换资源获得新的利益，这些社会关系不仅是社会结构的组成部分，也是重要的个人资源，即社会资本。

这些资源与持久的制度化关系网络相关，该网络为所有人所熟悉和认可，并且是制度化的关系网络。社会资本是社会各主体之间联系的状态和特征，主要包括社会文化、社会网络、社会互动、规范、信任、权威以及针对某一特定行为所达成的共识等。它是继物质资本和人力资本之后的第三资本。社会资本在社会成员的社会交往中自然产生，在社会结构中积累和存在，通过促进社会成员之间的合作来提高社会效率。

社会资本可以从不同的角度来划分，按照主体不同，社会资本可以分为个人、群体、组织、国家、世界等不同层次；按照功能不同，可以分为正社会资本和负社会资本。从属性角度出发，社区社会资本主要指和谐的关系网络、有效的制度规范、普遍的信任和互惠合作性的社会组织等。

对于农村社区来说，社会资本的主要作用是维持社区的稳定性和行为的相对连贯性，增加社区的认同感，从而提高个人或社区的行动效率。在社区内，小规模的社区环境更容易产生社会资本，由于社区居民在社区区域内有更多近距离对抗的机会，社区居民更容易相互熟悉，群体的同质化会导致其更容易形成社会关系。根据农村社区和社会资本的特点，农村社区居民更容易建立社会资本。乡村社区是高度同质化的社区，居民大部分是原村居民，代际的定居和交往形成了血缘和跨亲缘关系，积累了厚重的社会资本。因此，农村社区在管理上可以充分利用社会资本的积极作用，加强社区内农民之间的联系，有利于维护社区秩序、缓解社区矛盾。

（2）社会资本的测量。

基于现有研究文献及村镇实际情况，本次研究将社会资本指标细分为家庭或亲戚中政府工作人员（S_1）、社交参与度（S_2）、可求助户数（S_3）和技能培训机会（S_4）。其中，家庭或亲戚中政府工作人员，该指标为二分变量，指家庭或亲戚中有无村委或县（乡）政府工作人员；社交参与度指的是农户家庭成员一年中参与过的社区组织个数，具体选择有不参加、参加 1 个以及参加 2 个以上；可求助户数指的是当家庭需要大笔开支时，可以求助的家庭户数，数据以数字形式呈现；技能培训机会指的是政府或村委平均一年提供的培训机会次数。

根据上述指标层的划分以及相关的指标说明，社会资本指标的测量可见表 4 - 5。

表 4 - 5   农户社会资本测量指标

指标	解释	指标说明
家庭或亲戚中政府工作人员（S_1）	二分变量：家庭或亲戚中有无村委或县（乡）政府工作人员	有为 1，无为 0
社交参与度（S_2）	农户家庭成员一年中参与过的社区组织个数	不参加为 0，参加 1 个为 0.5，参加 2 个以上为 1
可求助户数（S_3）	当家庭需要大笔开支时可以求助的家庭户数	以数据形式呈现
技能培训机会（S_4）	政府或村委平均一年提供的培训机会次数	以数据形式呈现

4.3   构建农户可持续生计评价指标体系

全面了解农户的各项情况是理解农户家庭或农民个人拥有选择机会、采用生计策略和所处风险环境的基础（阎建忠等，2009）。在具体应用中，指标变量的选取不仅限于前文所提到的资本，还需要根据实地调研村镇的实际情况，贯彻具体问题具体分析的原则。本次研究在原有的自然资本、金融资本、物资资本、人力资本和社会资本五种资本的基础上，新增政策资本与文化资本，同时新增控制变量，以此将村镇的情况涵盖得更加全面，使指标构成更加具有科学性与可操作性，为后续用熵值法判断各个指标的离散程度提供更加准确的参照与依据。本小节主要就新增资本与新增变量的相关定义及测量方式进行阐述。

4.3.1　政策资本测量

政策资本指的是政府在乡村振兴战略的大背景下，在产业、乡风文化、生态、基础设施等方面对农户家庭实施的一系列帮助农户家庭解决贫困现状及其他问题的政策举措。可持续生计是一种综合能力，提升可持续生计不是短期工程，而是一个相对长期的动态过程。因此，相关政策从实施到初见成效，也需要一定的时间，并在不同方面得到体现。

考虑到农业政策以及乡村振兴战略对农民生计策略以及农业生产积极性的影响，本次研究增加了政策资本作为指标变量。结合邵雅静（2020）相关政策资本指标的选取办法，本研究将政策变量细分为政策补贴、政策关注度以及政策满意度。

其中，政策补贴主要以政府部门为对象，了解政府相关部门对农户所在地区施行的农业补助政策，包括直接发放的农业补助金、退耕还林或与精准扶贫政策相关的补贴，能高效直观地看出政府有关部门对农户在资金方面的投入力度。

①农村补贴政策的实施对农业生产起到非常正向的影响。首先，农村补贴政策的实施鼓励农民从作物和养殖方式上提高质量与效率，从而达到提高农业生产效益的目的。其次，农业技术水平的提高也是相关补贴发放所带来的另一益处，政府通过向农民提供技术培训和资金支持，帮助他们掌握先进的农业技术，提高生产效益，有利于提高农民的经济收入，同时也有助于推进农业现代化的进程。

②农村补贴政策的实施对农民的收入也有着显著的影响。首先，政府通过向农民提供直接的补贴，使他们得到最快捷的帮助。

常见的政策性补贴包括土地流转补贴、农业保险补贴、农机具购置补贴等，这些补贴有效地提高了农民的生产效益和收入水平。此外，政府还通过公共投资为农户提供良好的乡村医疗服务、完备的交通设施、充足的市场信息，帮助农户应对风险，改善生活条件，提高生活水平，这对于农户来说，也具有非常重要的意义。

政策关注度和政策满意度则是以农户为对象，这两项指标有利于了解政策出台后，农户对于政策性内容的关注程度及满意程度。同时，也能从农户对政策的满意程度中得到相关政策的优缺点信息。在实施乡村振兴战略和精准扶贫政策时，要时刻以农户的满意度作为政策制定的出发点和工作成效的依据，科学的政策有利于保护和调动农民生产的积极性，能极大增强农户对国家政权合法性和地方政府公信力的认同感。

根据上述指标层的划分以及相关的指标说明，政策资本指标的测量可见表 4 - 6。

表 4 - 6　　　　　　　　　农户政策资本测量指标

指标	解释	指标说明
政策补贴（G_1）	农业补助、退耕还林以及精准扶贫等政策的补贴	——
政策关注度（G_2）	农户对相关政策的关注度	几乎不关注为 0.3，偶尔关注为 0.6，经常关注为 1
政策满意度（G_3）	农户对相关政策的满意度	满意为 1，较满意为 0.75，较不满意为 0.5，不满意为 0.25

4.3.2　文化资本测量

文化资本指价值观念、信仰、风俗习惯等无形的文化要素和有形的文化的物质载体所构成的资本。文化资本作为表现行动者文化上有利因素或不利因素的资本形态，深刻影响着农户的生计水平，农户的生计状态和幸福指数一定程度上受文化资本的影响。

在乡村的范围内，文化资本主要通过以下几种形式表现：①受所在农村的风俗和传统技能的影响，农民靠耳濡目染和言传身教习得文化资本，如刻木雕、酿黄酒、节庆礼仪等；②在经过历史的沉淀和家族的传承后所留下的实物类文化资本，像祠堂、古宅旧址、家族族谱等；③被政府或相关部门所正式承认的文化资本，如DT 镇 B 村被评为"广东省卫生村（2019～2021）"。

在乡村振兴的大背景下，文化资源的开发利用是农村不可忽视的重要部分，它紧密联系着农村和农户家庭的生活和生存发展，也与农户技能的获取以及生计资本的积累息息相关。在生计资本的五个类别中，文化要素对农户可持续生计的影响没有得到充分的体现。在前期的资料收集过程中了解到，作为调研村镇之一的 DT镇中的 A 村有发展红色旅游业的条件与潜力，该村有革命遗址和革命烈士纪念碑两个具有革命色彩的标志地，同时村口流转土地种植多达 500 多亩的荷花，村容村貌优良，具备发展壮大的强势潜力，但目前存在红色基地的维护问题以及扩大基地范围的费用紧缺问题。

因此，本研究以全面深入了解农户可持续生计情况为基本目标，丰富可持续生计分析框架，调研村镇内农户的生计情况，参考了王蓉、代美玲等（2021）在对乡村旅游地农户生计资本进行量化时所采用的文化资本指标，将文化资本指标划分为文化认知度（C_1）和文化运用度（C_2）。

根据上述指标层的划分以及相关的指标说明，文化资本指标的测量可见表 4－7。

表 4 – 7   农户文化资本测量指标

指标	解释	指标说明
文化认知度（C_1）	农户对传统建筑、民俗文化等传统文化的了解程度	非常了解为 1；比较了解为 0.75；一般为 0.50；了解较少为 0.25；完全不了解为 0
文化运用度（C_2）	农户在旅游业开放层面对当地特有文化的运用程度	运用非常多为 1；运用较多为 0.75；一般为 0.50；运用较少为 0.25；完全不运用为 0

4.3.3 控制变量

在各类研究中，控制变量都是一项非常重要的考虑因素，控制变量的作用是减少或消除其他变量的影响，以便更好地理解研究变量之间的关系。在进行本研究时，需要控制其他可能影响农户可持续生计状况的因素，减少研究过程中产生的误差，从而提高数据结果的准确性和可靠性。基于调研村镇的实际情况及相关文献提供的数据，本研究的控制变量包括农户的个体年龄、个体性别和婚姻状况，共三个，如表 4 – 8 所示。

表 4 – 8   控制变量指标

类型	解释	指标说明
户主年龄	户主实际年龄	——
户主性别	男性或女性	男为 1，女为 0
户主婚姻状况	婚姻实际状况	未婚为 0，已婚为 1，离婚为 2，丧偶为 3

第5章　矿粮复合区农户生计资本分析

5.1　研究区域概况

5.1.1　自然概况

本研究区域位于广东省的北部，北部与湖南省的郴州市接壤，东部与江西省的赣州市接壤，东南部与广东省的河源市接壤，南部与广州市接壤，西部与清远市接壤。该区域从东部始于 N 市 JZ 镇 JZ 村，到西部止于 L 市 SX 镇 YG 村，从东到西，全长 186.3 公里。由北部 L 市 BS 镇村至南部 X 县 MT 镇的 LX 村，从南到北，全长 173.4 公里。研究区域的地形主要为山地丘陵，北高南低[①]。

（1）地形地貌。

研究区域地貌以山地、丘陵、河谷盆地为主。其中平原和山

---

　　① 胥永亮，衣英龙，方昕然，等. 资源枯竭城市城镇化水平与耕地资源数量变化的协调对比研究——以广东省韶关市为例 [J]. 中国资源综合利用，2023，41（3）：52－57.

地占研究区的20%左右。由北到南，三列山系呈弧状排列，向南凸出，构成了粤北基本地貌格局。北面为蔚岭、大庾岭，全长140公里；中段为大东山，山间为瑶岭，全长250公里；南边被划分为起微山和青云山两大山脉，全长270公里。之间分布着两行河谷盆地，包括南雄盆地、仁化董塘盆地、坪石盆地、乐昌盆地、韶关盆地、翁源盆地①。地势北高南低，北部地势为全省最高，位于广东和湖南两省交界处的石坑崆，海拔1902米，是广东最高峰。南部地势较低，市区海拔最低35米②。

（2）气象特征。

研究区的气候属于中亚热带湿润型季风气候，冬季主要为东北季风，夏季主要为西南、东南季风，降水量较大。全年都受到季风的影响，冬季以东北季风为主，夏季以西南、东南季风为主。四季特征是春多雨，秋少雨，冬冷夏热。年平均温度在18.8℃到21.6℃之间，最冷的月份（1月）平均温度在8℃到11℃之间，最热的月份（7月）平均温度在28℃到29℃之间，冬季各地的温度从北到南呈上升趋势，夏季各地的温度都比较接近。降水量充足，年降水量在1400～2400毫米，3月至8月为雨季，9月至2月为旱季。光照与气温、降水相互协调，雨热同期，有利于农作物的生长与农业的发展。一年大约有310天的无霜期，一年的阳光照射时间在1473～1925个小时之间，在北部的乡镇中，冬季均有降雪③。

（3）地表水系。

研究区域中，河流以赤江、武江、南水、乌江、北江、新丰江

① 曹云龙. 韶关市公路网水泥混凝土路面保护策略研究［D］. 广州：华南理工大学，2011.

②③ 冯慧敏，刘光华，李海渤，等. 粤北地区（韶关）发展高山蔬菜的可行性探讨［J］. 蔬菜，2018（7）：24－27.

为主，水源地为八个四级水资源分区：赤江、武江（中下游）、北江、瀚江、连江（连江中下游支流的黄洞河、波罗河）、新丰江（上游）、桃江、章江（长江）。该区域河流众多，水源比较充足，除了新丰江的上游有 1240 平方公里的降雨区域，其他区域都属于北江。根据韶关市人民政府网信息，该市拥有 8 条 1000 平方公里流域面积以上的河流，54 条 100 平方公里流域面积以上的河流，其他的大大小小的支流都呈现出了一种叶脉状的分布。市里的所有大大小小的支流，都源于高、中级山地，而且都是切割性很强的河流，两岸是陡峭的峡谷，水量巨大，水力资源非常丰富。北江上游浈江和北江一级支流武江是该区域的两条重要河流，浈江于韶关市区河西尾纳入武江后，始称北江干流。

（4）土地资源。

研究区域总面积为 184.13 万公顷。有 171.78 万公顷的农业用地，包括 16.06 万公顷的田地、5.46 万公顷的园地、145.53 万公顷的林地、5.82 万公顷的草地和 4.73 万公顷的其他农业用地；建设用地面积为 8.44 万公顷，包括城镇及工矿用地面积为 6.78 万公顷、交通运输用地面积为 1.53 万公顷、建筑用地面积为 0.13 万公顷[①]；未利用地面积 3.91 万公顷。

（5）矿产资源。

全市矿产以铅、锌、钨、铁、萤石、地热、矿泉水、陶瓷土、水泥用灰岩、建筑石料用灰岩（花岗岩）等为主。其中，金属类矿山 15 个（锑、银、铅、铜矿各 1 个，铅锌矿 2 个，铁矿 4 个，钨矿 5 个），约占总数的 22%；温泉、矿泉水类矿山 12 个，约占

---

① 俞敏. 国土空间规划语境下山水城市总体城市设计策略研究——以韶关市为例 [J]. 房地产世界，2021（1）：16 – 18.

总数的18%；非金属矿山8个（玻璃用石英、冶金用脉石英、熔剂用石灰岩、砂岩各1个，冶金用白云岩、萤石矿各2个），约占总数的12%；采石取土类矿山31个（水泥用石灰岩矿3个，陶瓷土4个，砖瓦用砂岩矿6个，建筑用灰岩、花岗岩矿18个），约占总数的48%①。

（6）植被状况。

根据韶关市人民政府网信息，研究区域植被种类复杂多样，拥有较为完整的生态系统结构，优势树种有杉木、马尾松（广东松）、桉树和湿地松（国外松）等。其中，杉木26.84万公顷，占19.96%；马尾松（广东松）11.32万公顷，占8.42%；湿地松（国外松）3.05万公顷，占2.27%；桉树9.89万公顷，占7.36%；其他软阔叶林19.59万公顷，占14.57%；黎蒴0.19万公顷，占0.16%；其他硬阔叶林21.52万公顷，占16.01%；针叶混交林2.88万公顷，占2.14%；针阔混交林10.34万公顷，占7.69%；阔叶混交林14.78万公顷，占10.99%。

（7）旅游资源。

研究区域有许多自然景观和人文景观，如名山、寺庙、岩洞、温泉、原始森林、历史古迹，等等。目前开发的旅游景点有仁化县丹霞山（国家级旅游景点）、车八岭国家森林公园、南岭国家森林公园、九泷十八潭、南华禅寺等。"车八岭"国家自然保护区和"南岭国家森林公园"是世界上为数不多的绿洲区域之一，素有"南岭明珠""天然宝库"的美誉②。

---

① 韶关市人民政府网［EB/OL］. https：//www. sg. gov. cn/sq/sggk/zrzy/content/post_2304097. html，2023－05－24.

② 叶延琼，章家恩，骆世明，等. 北江上游韶关段河流生态旅游发展现状与对策分析［J］. 广东水利水电，2011（10）：33－35，38.

5.1.2　生态概况

研究区内的植被类型和种类都很丰富,形成了完整的生态系统结构。研究区内的优势树种有四种,分别是杉木、马尾松(广东松)、桉树和湿地松(国外松),它们占据了研究区内植被面积的38.01%。研究区内还有其他类型的植被,如软阔叶林、硬阔叶林、针叶混交林、针阔混交林和阔叶混交林,它们占据了研究区内植被面积的51.36%。生态系统结构相对完善,主要物种有杉木、马尾松、桉树、沼泽松等,土壤主要为红壤,适合黄烟、水稻、花生等农作物的种植;土地按利用状况可划分为基本农田、住宅区、交通区、林区、水域。土地利用的一般状况是土地类型少,主要是农用地和林地;土地资源丰富,生产力高,使用率高。

5.1.3　社会经济概况

(1)城镇化水平。

在探究研究区域的社会经济发展过程中,城镇化水平的变化是一个关键指标。

1990~2020年,该市的城镇化进程经历了显著的阶段性变化,这反映了其经济结构和社会发展的不同阶段。

1990~2007年,该市处于城镇化的初始阶段,其城镇化率从38.35%增长到48.15%。这一时期的年平均增长率为0.60%,表明城镇化进程相对缓慢。这一阶段,该市的经济主要以农业为基础,城镇集聚能力有限,但逐渐在增强。

2008~2014年,该市的城镇化水平出现了轻微的下降,从48.15%降至46.09%。这一下降趋势主要受到资源、人口、城镇面积和产业结构的制约。这表明在这一时期，研究区域在城镇集聚能力和对周边地区的辐射带动方面存在限制，反映出其社会经济发展面临的挑战。

自 2015 年开始，该市的城镇化水平又开始缓慢上升，至 2020 年维持在 53.34% 左右。这一变化标志着该市的基础设施逐渐完善，产业结构开始优化，城镇集聚效应逐步增强。这一时期的变化反映了该市在适应经济全球化和市场变化的过程中，调整其城市发展策略，以及在资源和环境约束下寻求可持续发展的努力。

总的来说，这三个阶段的城镇化水平变化，不仅揭示了研究区域在不同历史时期的社会经济发展状况，还反映了城市发展策略和经济结构调整的成效。这一过程展现了韶关市从以农业为主的初级阶段，到经历城镇化速度放缓的调整期，再到基础设施和产业结构优化的发展期的转变①。

（2）特色产业：林下种植。

研究区域的农业结构在近年来已完成转型。该市重点发展了林下经济，包括林药、林菌、林茶、林果、林菜等多元化种植，以及林下养殖和林下采摘加工产业，有效地提升了农业综合产值和农民收入。

在林下种植方面，该市的种植面积达到 164 万公顷。具体来看，林药种植面积为 6.94 万公顷，主要包括吴茱萸、牛大力和草珊瑚等中药材；森林菌类种植面积为 3 万公顷，以灵芝和香菇为主；林茶种植面积 6.85 万公顷，包括仁化白毛茶、乐昌白毛茶和锦轩茶树等品种；林果面积 49.35 万公顷，主要有贡柑、沙田柚、九仙桃、奈李、杨梅等；林菜种植面积为 69 万公顷，主要是笋用或笋竹两用林。参与林下种植的企业和合作社数量众多，分别有 424 家企业和 210 家合作社。

---

① 胥永亮，衣英龙，方昕然，等. 资源枯竭城市城镇化水平与耕地资源数量变化的协调对比研究——以广东省韶关市为例 [J]. 中国资源综合利用，2023，41（3）：52-57.

在林下养殖方面，该市开展了40.3万公顷的养殖活动，形成了"林禽""林畜""林蜂"等养殖模式。主要养殖对象包括蜜蜂、鸡、鸭、黑山羊、香猪、蛇和青蛙。林下鸡的数量超过1000万只，鸭子有51.36万只，林下猪的数量约为40000只，羊则超过147000只。该区域鼓励并扶持农民在果园、竹林、茶园中发展林下养殖业，已在全市范围内取得显著成效，共有51家林下养殖企业和39家专业合作社。

此外，林下采摘加工产业也得到了发展，主要以食用菌、中草药和野菜为原料，总面积达34万公顷，年产值达2.6亿元。主要采摘产品有灵芝、蘑菇、塘角菜等。

该市的自然保护区、湿地公园及各类旅游景点数量达到55处，森林公园有111处。林地使用面积达到200.3万公顷，成为群众休闲娱乐和生态旅游的重要目的地。据统计，该市有9个森林人家和314家农家乐，进一步促进了当地的生态旅游发展。

综合来看，研究区域通过发展多元化的林下经济，不仅增强了农业的竞争力和可持续性，还促进了当地旅游业的发展，为地区的社会经济发展提供了新的动力[①]。

（3）农业水平。

①种植业。研究区域耕地面积广阔，林地资源丰富，种植业以水稻、花生、大豆、蔬菜、水果和茶叶为主。独特的自然环境孕育出了"马坝油黏米""长坝沙田柚""仁化白毛茶"等优质特色农产品。2010~2020年间，该区域种植业总体呈平稳增长趋势，总产值由1022746万元增长至1826314万元，增加值由701604万元增加至1262684万元，增长幅度分别为78.6%与80%，如图5-1所示。

---

① 杨林. 韶关市林下经济发展现状及对策［J］. 现代农业科技，2022（13）：93-95，99.

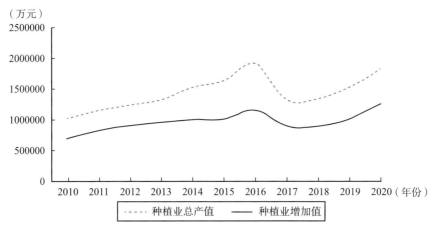

（万元）

图 5 - 1　2010 ~ 2020 年种植业总产值与增加值情况

资料来源：涂智苹，杨鹏雁．韶关市农业生产结构对农业经济发展的影响研究［J］．韶关学院学报，2023，44（4）：64 - 71.

在城市化进程中，由于耕地面积不断缩小，农产品价格持续上涨，种植部门的生产要素逐步向经济作物集中。其结果是粮食作物如水稻、大豆的种植面积和单产持续下滑，而经济作物如水果、花生的种植面积和产量都在增长，如图 5 - 2 所示。

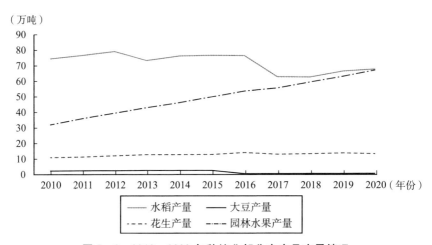

（万吨）

图 5 - 2　2010 ~ 2020 年种植业部分农产品产量情况

资料来源：涂智苹，杨鹏雁．韶关市农业生产结构对农业经济发展的影响研究［J］．韶关学院学报，2023，44（4）：64 - 71.

②畜牧业。从总体情况来看，研究区域畜牧业在 2010 ~ 2015 年增长缓慢，5 年间总产值与增加值都只增加了 25.1%，2016 年开始提速，总产值由 448804 万元增长至 1086481 万元，总产值增加了 142.1%；增加值由 159780 万元增长至 469790 万元，增长幅度约为 194%。从产品种类来看，畜牧业的主要农产品是肉类、奶类、禽蛋类，其中猪肉、禽肉和禽蛋产量最多，占比约为 94.5%。自 2015 年以来，猪肉产量连年下降，5 年下降了近 20%，而禽肉与禽蛋产量则分别上涨了 42% 与 32.5%[①]。作为我国需求量极大的畜牧业产品，猪肉仍然是畜牧业发展的重要动力，但其影响力正在逐年降低，而家禽类农产品发展正在逐步发力，如图 5 - 3、图 5 - 4 所示。

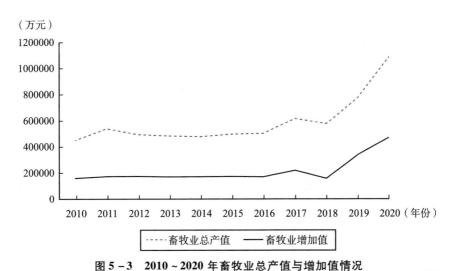

图 5 - 3 2010 ~ 2020 年畜牧业总产值与增加值情况

资料来源：涂智苹，杨鹏雁. 韶关市农业生产结构对农业经济发展的影响研究 [J]. 韶关学院学报，2023，44（4）：64 - 71.

---

① 涂智苹，杨鹏雁. 韶关市农业生产结构对农业经济发展的影响研究 [J]. 韶关学院学报，2023，44（4）：64 - 71.

（万吨）

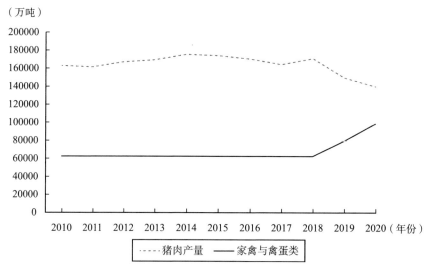

图 5 - 4   2010 ~ 2020 年猪肉产量和家禽与禽蛋类产量情况

资料来源：涂智苹，杨鹏雁．韶关市农业生产结构对农业经济发展的影响研究［J］．韶关学院学报，2023，44（4）：64 - 71．

③林业。研究区域地处南岭山脉南部，多山地丘陵，林业资源十分丰富，产量逐年增加。林业在 2010 ~ 2020 年间总体呈增长态势，总产值从 131784 万元增长到 272914 万元，增长了约 110%；增加值从 87399 万元增长到 190255 万元，增长幅度约为 118%[①]。但从 2018 年开始，林业发展徘徊不前，总产值与增加值增长接近停滞，生产总量也不足。2020 年林业生产总值仅为该区域农业总产值的 8%，生产规模偏小，如图 5 - 5 所示。

---

① 涂智苹，杨鹏雁．韶关市农业生产结构对农业经济发展的影响研究［J］．韶关学院学报，2023，44（4）：64 - 71．

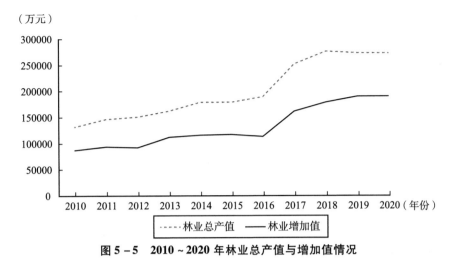

图 5 - 5　2010 ~ 2020 年林业总产值与增加值情况

资料来源：涂智苹，杨鹏雁. 韶关市农业生产结构对农业经济发展的影响研究 [J]. 韶关学院学报，2023，44（4）：64 - 71.

（4）人均可支配收入。

2022 年，研究区域的居民人均可支配收入为 31411 元，较 2021 年增加 4.0%。城市居民的平均工资为 38742 元，同比增加 3%。农民的平均工资为 21234 元，增幅为 4.8%。城市和农村的平均可支配收入之比是 1.82%，与前一年相比下降了 0.04。如果是一个普通的三口之家，城市居民家庭年可支配收入超过 7.6 万元[①]。

5.2　应用 AHP – 熵权组合法确定指标权重

5.2.1　应用 AHP – 熵权法的综合评价方法确定

在农户生计综合指标体系设计时，为确保综合评价效果的客观

---

①　涂智苹，杨鹏雁. 韶关市农业生产结构对农业经济发展的影响研究 [J]. 韶关学院学报，2023，44（4）：64 - 71.

性和准确性，必须对数据进行合理的划分和筛选，第一步需要明确所设的指标何为定性指标，何为定量指标。对于定量化指标，需明确其指标内涵和具有实际性依据的定量标准，这样其指标值才可直接用于研究成果评价；对于定性化指标，重点需要界定数据赋值方法和对衡量标准进行解释，且必须进行量化处理才能用于综合评价，确保结果的合理性（罗洋，2021）。

考虑到农户生计的影响因素存在不稳定性和多元化趋势，本研究采用指标权重计算的方法来体现各指标对指标体系所评价的目标的重要程度，准确且合理的权重分配有利于提高综合评价结果的可靠性。

对研究对象或者系统的指标进行赋权，进而采用不同的权重计算方法确定权重值进行综合评价，是取得科学合理评价结果的重要方法，所以最重要的是选择正确的数据赋权方法和指标权重衡量方法（张文龙，2018）。根据传统的研究经验，研究人员多以单一的主观赋权或者客观赋权进行数据分析。其中 AHP 层次分析法便是主观赋权分析法的代表，主观性方法并不考虑所得指标数据的实际比例，大部分依据研究者的主观分析和定义进行指标权重评分，其优点是易于计算，但同时由于主观性较大，容易受研究者知识和人文习惯的影响，造成较大的误差（解红，2023）；熵权法则是依据实际所获得的数据利用算法工具进行权重计算的一种客观性赋权的代表性方法，其优势在于其所得数据较为客观，有效避免了情感等因素的影响，熵权法客观性较高，因此准确度也较为合理（张文娟，2023），但同时对数据质量和数量要求较高，对项目研究人员的素质要求也较高。

研究者计算权重的目的主要是针对不同问题的解决方案进行评估，通过权重得分来综合分析得出最佳方案，做出最合理的选择；或对某系统或研究对象的各影响指标进行权重分析以达到数据优化简明的效果。主观与客观相结合的方法，既综合了主观与客观两种方法的优势，又有效避免了单一方法的弊端，使各因素权重偏向于科学真实。

指标权重是指标对所属目标层次结果相对重要性的参考值，即当指标权重越大时，其对研究目标的影响程度越大（丁旭辉，2022）。查阅相关文献发现，目前有关农户生计方面的相关数据较少，可参考性有限，所以对指标权重的确定，必须将主观判断分析与客观实际数据分析相结合，取长补短，互相完善，进而获得更为准确的评价结果。因此本书在综合运用评价方法时，选择 AHP - 熵权组合法对指标进行赋权从而取得数据的组合权重，有利于对农户生计的多指标评价得出更准确的结果。

5.2.2　层次分析法基本原理

在计算判断研究对象各因素权重的过程中，通常有三种不同的方法，即主观法、客观法和主观与客观相结合的方法。主观法相较于后两种方法，相对容易执行，便捷性高，但同时由于不同评价人员所处的环境氛围和所了解的文化知识有所差别，很可能导致不同意见差异性较大，其代表性方法为 AHP 层次分析法。

AHP 层次分析法是一种针对多因素权重分析的研究方法，主要是根据研究对象的特征对其关键影响因素进行分类、整理，借用算法以定性、定量化相结合的方法进行处理，最终计算出不同因素对研究对象不同影响的权重比例。层次分析法有助于将数据繁杂、逻辑层次性较高的问题简化，同时增强数据结构的合理性和科学性。这种方法可以以定量化的算法规避评价决策人员因单一经验判断造成的失误；同时可以对不同的影响因素进行层次化处理，进而达到逐层比较的显著性效果（张迪，2022）。AHP 层次分析法能够灵活地综合定性定量法则对各因素进行分析，并且有助于研究人员判断导致不同问题的因素与研究对象之间的复杂关系。当研究结果难以依靠精确的算法分析得出时，层次分析法往往具有较好的科学性和实用性，因此通常用于关系复杂的因素对某研究对象的影响程度不同的多种社会研究领域中，如人才管理、环境分析、水利工程，等等。其步骤如图 5-6 所示。

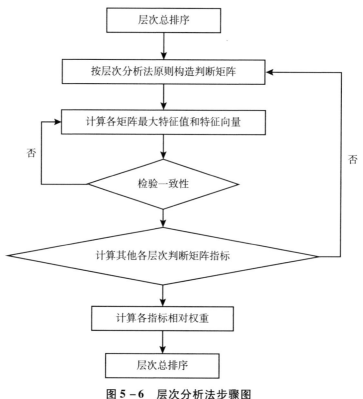

图 5-6　层次分析法步骤图

（1）建立层次结构指标模型。

AHP 层次分析法在研究问题时，要根据不同因素的性质判断，做出逻辑分析，将复杂的决策问题进行拆分和层次划分，将决策目标构建成多个不同指标构成的层次结构。研究对象或者问题处于层次结构的最高层，接下去的则为不同的准则层，每个准则层的指标会对上层或者更上层的指标有不同程度的关联或影响，还对下一层的指标元素起支配作用，而与最底层的方案层之间也存在一定的联系。具体到本书的农户生计分析，农户生计资本得分便是目标层，一层指标和二层指标则分别为准则层和方案层。

（2）构建判断矩阵。

AHP层次分析法在判断矩阵构造时，需要对各层次的因素进行评价，依据明确的因素代表单位和边界定义进行因素细分，运用逻辑分析方法将问题细分成多层次的不同元素，使问题更具条理性和层次性，从而建立一个客观科学的评价指标体系。而为了明确各个不同指标对研究对象的相对重要性，评估方法是假设一共划分有 n 个细分元素 A_1，A_2，$\cdots$，A_n，需要对所构建的指标进行逐个对比分析，由此构成判断矩阵，进而运用算法得出各指标对研究对象影响程度的权重。

假设 A 为一个判断矩阵，将不同指标的相对重要性判断值排布于判断矩阵中，即 $A=(a_{ij})_{m\times n}$。显然，各指标 a_{ij} 所代表的是横向指标 a_i 对应其指标 a_j 的相对重要性判断值。如果两个指标的重要程度相等，则 a_{ij} 记为1；若 a_i 比 a_j 稍微重要则记作3；如果 a_i 相比于 a_j 明显更加重要则记作5，然后类推到7、9，分别记作强烈更加重要和极端重要。另外，当研究者给出2、4、6、8的指标评分时，则表明这个指标的重要程度是上述情况的中间值。一般情况下，判断矩阵定义如表5-1所示。

表 5 – 1   判断矩阵定义

评分指标 a_{ij}	含义
1	i 和 j 的重要性一样
3	i 比 j 更为重要一点
5	i 比 j 明显更加重要
7	i 强烈地比 j 更加重要
9	i 是极端重要的
2，4，6，8	上述评价的中间值
倒数	若因素 i 和 j 的相对重要性指标为 a_{ij}，则因素 j 和 i 的相对重要性指标为 $a_{ji} = \dfrac{1}{a_{ij}}$

（3）计算权重。

依据判断矩阵可以进行权重计算。先计算出各项指标的平均值，然后再计算各指标的相对重要性权重值，公式如下：

$$\bar{a}_i = \sqrt[m]{a_{i1} \times a_{i2} \times \cdots \times a_{im}} \qquad (5-1)$$

$$w_i = \frac{\bar{a}_i}{\sum_{i=1}^{m} \bar{a}_i} \qquad (5-2)$$

其中，$W = (w_1, w_2, \cdots, w_m)$ 为各指标重要性值的向量表达，即判断矩阵的特征向量。

（4）进行一致性检验。

利用 AHP 层次分析法进行一致性检验，有助于保持逻辑一致，避免失误。一致性检验具体步骤如下：

首先，求出判断矩阵的最大特征值。公式如下：

$$\gamma_{\max} = \frac{1}{m} \sum_{i=1}^{m} \frac{(AW)_i}{w_i} \qquad (5-3)$$

在上述公式中，AW 是判断矩阵 A 和特征向量 W 的乘积。

其次，计算判断矩阵的一致性指标，一致性指标是判断矩阵偏离程度的度量，其值越大，判断矩阵一致性越差；而当其为 0 时，矩阵具有完全一致性。公式如下：

$$CI = \frac{\gamma_{max} - m}{m - 1} \qquad (5-4)$$

最后，计算判断矩阵的随机一致性比率，公式如下：

$$CR = \frac{CI}{RI} \qquad (5-5)$$

其中，RI 为平均随机一致性指标，其大小与矩阵判断矩阵中指标的阶数有关，其具体取值如表 5-2 所示。

表 5-2   **RI 值判定法则**

n	1	2	3	4	5	6	7	8	9
RI	0	0	0.52	0.89	1.12	1.26	1.36	1.41	1.46

当随机一致性比率 CR 小于 0.1，说明矩阵有一致性；但当 CR 大于或等于 0.1，则说明等式不成立，即需要对矩阵做出调整更改，使其通过一致性检验。

5.2.3　熵权法基本原理

熵是德国物理学家针对能量在空间中分布的匀称度所提出的专业名词，而在被引用到信息论后主要用于体现关于度量系统在不同情况下的无序性状况，同时可以测量反映信息中数据的有效比例，因此熵可以作为权重衡量数据指标在研究系统中的相对重要性或者说有效性。熵权可以更集中、更简明地表现研究对象的各个指标之间的互相抑制程度，计算各指标的修正系数，需要将各指标的熵值和其无量纲处理值进行结合，借此修正得到更加客观的指标权重。运用熵权法时，需要对各项指标进行分析，判断其对目标系统的积极影响或消极影响。指标的熵权值大小与其对评价结果的影响大小成正比。熵权法步骤如下所示。

（1）构建判断矩阵。

假设有 m 个待评方案和 n 个数据指标，构成方案的评价判断矩阵 $S = (s_{ij})_{m \times n}$，$i = 1$，2，3，…，$m$；$j = 1$，2，3，…，$n$。

$$\begin{pmatrix} s_{11} & \cdots & s_{1m} \\ \vdots & \ddots & \vdots \\ s_{n1} & \cdots & s_{nm} \end{pmatrix} \qquad (5-6)$$

其中 s_{ij} 是第 i 个评价指标的第 j 个待评方案的评价值。

（2）极差法无量纲标准化处理。

考虑到本书所选取的指标数据无论在单位、性质上都存在较大的差异性，因而无法直接进行实证分析，在参考相关文献进行对比选择之后，本书选用极差法对数据进行标准化处理，由于不同的指标数据对矿粮复合区农户生计转型和生态效应存在有利影响或不利影响，即评级指标体系中存在着正向指标和负向指标。

因此对不同的指标计算公式如下。

正向指标：

$$s_{ij} = \frac{a_{ij} - a_{\min}}{a_{\max} - a_{\min}} \qquad (5-7)$$

负向指标：

$$s_{ij} = \frac{a_{\max} - a_{ij}}{a_{\max} - a_{\min}} \qquad (5-8)$$

其中，s_{ij} 为样本 j 的第 i 个具体指标标准化处理后的值，a_{ij} 为样本 j 的第 i 个具体指标的原始数据，$a_{\max}$ 是具体指标在全部评价对象内的最大值，$a_{\min}$ 是具体指标 i 在全部评价对象内的最小值。

（3）坐标平移。

由于所选取的方法无法计算 0 值或者负数，因此必须对标准化后的值进行平移，而考虑到将影响降到最小，选定平移幅度为 0.0001。

（4）计算标准化后各指标的占比。

$$P_{ij} = \frac{s_{ij}}{\sum_{j=1}^{m} s_{ij}} \tag{5-9}$$

（5）计算各评价指标的熵值 e_i。

$$e_i = -k \sum_{j=1}^{m} P_{ij} \ln P_{ij} \tag{5-10}$$

$$k = \frac{1}{\ln m} \tag{5-11}$$

（6）利用各指标的熵值计算对于指标 j 的偏差度 d_j。

$$d_j = 1 - e_i \tag{5-12}$$

（7）计算各指标的熵权 u_i。

$$u_i = \frac{d_j}{\sum_{i=1}^{n} d_j} \tag{5-13}$$

5.2.4 AHP－熵权法计算评价指标复合权重

由于主观性赋权的层次分析法和客观性赋权的熵权法的单一使用均可能使评价结果偏离实际，因此为了充分反映主观和客观两个层面上不同指标所属权重对目标系统的影响，综合采用层次分析法和熵权法所计算得到的权重进行度量。即将通过 AHP 层次分析法计算得到的初始权重 w_i，与通过熵权法计算所得的客观性权重 u_i 相结合，借鉴有关学术文献的算法进行指标的复合权重计算，从而得出目标层所属的不同指标的综合复合权重 γ_i，运用公式计算各指标的组合权重，公式如下：

$$\gamma_i = \frac{w_i u_i}{\sum\limits_{i=1}^{m} w_i u_i} \qquad (5-14)$$

考虑到农户生计转型评价的特殊性，本书参考相关文献，w_i 和 u_i 分别为运用 AHP 和熵权法计算得到的第 i 项指标的权重值，m 为指标个数。

5.3　问卷调查设计

通过文献检索和梳理发现，有关于农户生计转型的影响因素的量化研究非常匮乏，因此本书在利用层次分析法构建农户生计转型指标模型时，将查阅文献与用户调研方法相结合，获得初始的真实数据。通过对这些数据进行进一步科学分析，得出不同指标的权重，并总结目前农户生计转型的维度和层次指标，为研究提供依据。

5.3.1　问卷对象

每个人对于农户生计资本的问题存在很大的个体差异性和主观偏好性，每个个体所处的环境、所拥有的学识素养和生活经历有很大的不同，因此对于问题的敏感度也不同。为了尽可能使评价结果更加科学合理，使其充分表征大多数人的看法和观点，减少主观性，本书采用专家评价以及农户群体评价的综合方法进行数据收集和分析（叶琳，2023）。

本次发放专家问卷共 27 份（见表 5-3），回收有效问卷 20

份，数据有效率为 74%。本次问卷发放涉及不同的单位和个人，主要有政府机关、高校或科研单位、科研院所、行业企业等，这些单位对农户生计管理和研究的经验丰富，对农户生计的基本情况掌握较多，因此，可以提供更加公平合理的数据结构。基本情况如表 5 - 3 所示。

表 5 - 3　　　　　　　　　　　评判专家工作单位

工作单位	政府机关	高校或科研单位	科研院所	行业企业	乡土人士
人数（人）	12	2	0	2	4
占比（%）	60	10	0	10	20

在进行问卷调查时，应寻求对农户生计资本有深刻理解且有客观认识的专家进行问卷填写。由于不同的工作经验和学识水平会导致不同的主观意见，本次问卷填写之前，一般先充分介绍本次调研的方向和目的，以及相关问卷指标的含义和填写原则，最后由专家自行独立填写问卷，结果如表 5 - 4 所示。

表 5 - 4　　　　　　　评判专家的受教育程度和工作年限

受教育程度	人数（人）	占比（%）	工作年限	人数（人）	占比（%）
初中及以下	3	15	2 年以下	1	5
高中或中专	9	45	2～5 年	3	15
大学或大专	6	30	5 年以上	5	25
硕士及以上	2	10	10 年以上	11	55

5.3.2　调查地点

本次农户生计资本调查地点选择在研究区域内的 DT 镇和 ZT

镇。选择这两个镇作为调查地点，主要因为镇上的产业和农户较为典型。

首先，DT 镇位于仁化县西南部，镇内交通较为方便，主要有省道 S246 贯穿，镇内河道相通，与相邻镇的交通也较为发达，距离县城约 12 公里，并且镇内去往高铁站的路程约为一小时；根据人口普查数据，目前全镇户籍人口 48812 人，其中农村人口 26750 人，外来人口 7229 人。

DT 镇属于县级中心镇，下辖 17 个村和 3 个社区，部分村落与亚洲最大的铅锌矿企业，即中金岭南相连接。近年来，随着绿色发展和环境保护等政策的不断出台和落实，镇上的矿产企业已经慢慢达到无害化排放。目前 DT 镇发展定位为广东省粤北生态功能区，主要以农业生产为主，近几年，DT 镇在推进"一村一品，一镇一业"示范项目建设中取得较大成效，并成功申报为广东省"一村一品蔬菜种植类"专业镇。

DT 镇的农业产业主要是水稻和蔬菜，在水稻和蔬菜轮作中逐渐实现时间和耕种方法的科学化，其中蔬菜种植基地被认定为粤港澳大湾区的菜篮子生产基地；DT 镇的工业发展，相较于研究区域其他乡镇，属于第一行列，是主要的工业发展镇之一，有较大型的矿产企业和冶炼厂，为当地带来一定的就业机会；同时 DT 镇也是文旅融合发展成效显著的乡镇之一，大力发展了红色教育村，充分利用当地的红色文化带动当地的农户经济。

另外，ZT 镇距离市区 7 公里，镇内公路交通较为便利，ZT 镇环境绿化显著，山林面积 9300 多公顷，森林覆盖率达到 70% 以上；全镇户籍人口 3293 户，约 14338 人，常住人口大约为 6500 人，农业人口比例较大。

ZT 镇下辖 1 个社区和 8 个行政村，包括 102 个村民小组，农业耕地面积约为 2.67 万亩，具有相对丰富的耕地和林地资源，因此当地因地制宜进行发展，近几年逐渐获得了"广东省森林小镇""广东省休闲农业与乡村旅游示范镇"等称号。

ZT 镇主要以黄烟与水稻轮作来维持农户收入，一般为上半年种植黄烟，下半年种植水稻。这种轮作模式既有利于农户提高收入又确保农户粮食产出。该镇主要在平原地区种植黄烟，在山林地区部分种植柑橘。ZT 镇工业分布较少，目前以生态康养休闲为主的旅游产业正在逐渐发展起来。

DT 镇和 ZT 镇的常住人口中，农户所占比例都较大，并且都拥有相对代表性的农业以及其他产业，农户资本类别较为典型，不少乡村振兴政策落实效果也较为显著，评价分析数据较为真实，镇内的产业指标和发展状况都可以获得相关的统计数据，因此本次研究选择这两个镇作为调查研究地点。

5.3.3　问卷设计

农村是一个变化灵活、复杂广泛的社会生态系统，农户生计资本更是一个涉及范围广、影响长远的重要项目。农户生计及其策略选择不仅影响着农民的生活和发展，也在很大程度上影响着社会进步。农户资本涉及方方面面，因此需要构建多维度的农户资本现状评价指标体系，才能充分地反映研究地区的农户资本现状及未来发展趋势（曾博妍，2022），并就其存在问题提出针对性建议。

第一步：调查内容指标选取。为了使问卷收集到的数据更充分地反映农户生计资本和生计策略的选择意见，借助相关已有研究和文献，将农户生计资本定义为人力资本、自然资本、物质资本、金融资本、社会资本、政策资本和文化资本这七个维度（周凤，2022）。具体的下设二级指标包括劳动力规模、身体健康状况、农户耕地面积、住房情况、家庭总收入、社会参与度、政策补贴、政策满意度、文化认知度等。

第二步：样本选取，结合前期在韶关市 DT 镇、ZT 镇多个乡村的实际调研情况，对问卷内容进行不断修改和完善，最终调研选取的 9 个行政村作为样本村，每个村收集约 50 户农户数据作为数据样本。对当地农户采用结构化访谈方式，对熟悉当地情况的村支书、农业能人及相关专家采用无结构化访谈方式。根据收集到的数据，结合研究方法需要构建相关数据的判断矩阵，并且对不同权重相对比较标度值做出以下详细说明。

九标度法包含 1～9 共 9 个比较标度，其中 1、3、5、7、9 依次递进，所表示的标度分别是同等重要、稍微重要、明显重要、强烈重要、极端重要。问卷中相对比较标度的选择主要依据为，如果右边列中的项目比左边列中的项目稍微重要，就选择右边的"3"；对应地，如果是左边列中的项目比右边列中的项目稍微重要，就选择左边的"3"，其余单数值以此类推；"2、4、6、8"则表示的是相对重要程度为两相邻标度的中值，以下面两个问题举例：

（1）针对人力资本来讲，您认为农户的劳动力规模、文化水平、身体健康状况、职业技能哪一个影响更大？（见表 5－5）

表 5－5　　　　　　　　　　人力资本权重测度

人力资本	极端	强烈		明显		稍微		同等		稍微		明显		强烈		极端	人力资本
					←		重要程度		→								
劳动力规模	9	8	7	6	5	4	3	2	1	2	3	4	5	6	7	8	9	文化水平
劳动力规模	9	8	7	6	5	4	3	2	1	2	3	4	5	6	7	8	9	身体健康状况
劳动力规模	9	8	7	6	5	4	3	2	1	2	3	4	5	6	7	8	9	职业技能
文化水平	9	8	7	6	5	4	3	2	1	2	3	4	5	6	7	8	9	身体健康状况
文化水平	9	8	7	6	5	4	3	2	1	2	3	4	5	6	7	8	9	职业技能
身体健康状况	9	8	7	6	5	4	3	2	1	2	3	4	5	6	7	8	9	职业技能

（2）针对自然资本来讲，您认为农户拥有的耕地面积、林地面积、园地鱼塘面积哪一个影响更大？（见表 5 – 6）

表 5 – 6　　　　　　　　　　自然资本权重测度

| 自然资本 | ← | | | | 重要程度 | | | → | | | 自然资本 |
	极端	强烈	明显	稍微	同等	稍微	明显	强烈	极端		
耕地面积	9 8	7 6	5 4	3 2	1	2 3	4 5	6 7	8 9		林地面积
耕地面积	9 8	7 6	5 4	3 2	1	2 3	4 5	6 7	8 9		园地鱼塘面积
林地面积	9 8	7 6	5 4	3 2	1	2 3	4 5	6 7	8 9		园地鱼塘面积

由于农村信息化传播水平有限，已有的统计数据多处于省级或者市级层次，农村农户生活资本的小微型基本数据可获取量受到限制，且质量难以保证。为解决以上问题，本次调研以实际入户问卷调查为主要方式，结合访谈进一步深入了解农户的不同生计状况。考虑到农村人居情况的特殊性，以及人口的老龄化等问题，本次调研对象优先选择农户家庭户主或者常住家庭主要劳动力。在获得当地村委等工作人员的协助下，很大程度上解决了语言沟通问题。村民在回答问卷问题时，采用研究人员现场解析和指导、时间范围内调查的方法，提高了问卷的真实性和准确性，便于后期对问卷内容进行针对性分析，并且将数据数字化进行算法分析。

本次调研行政村包括 A 村、B 村、C 村、D 村、E 村、F 村、G 村、H 村和 I 村，总共发放问卷 500 分，回收有效问卷 461 份，问卷有效率达到 92%。基本情况如表 5 – 7 所示。

表 5 – 7 问卷回收情况

镇	村	份数	占比（%）
DT 镇	A 村	55	12
	C 村	14	3
	B 村	65	14
	D 村	49	11
	E 村	44	10
	F 村	41	9
ZT 镇	G 村	53	11
	H 村	62	13
	I 村	78	17

5.3.4 描述性统计分析

（1）调查对象基本信息。

由于农村常住人口中多为老年人和小孩，因此在对每户家庭进行访谈时，访谈对象可能有着不同的家庭身份，本书主要以户主或者其主要亲属为访谈对象，以获取农户生活的最真实信息数据。整理分析问卷数据得出，在 461 位受访者的家庭中，户主大部分为男性，其占比为 84.71%，女性户主所占比例为 15.29%。受访者家庭中户主婚姻状况为已婚的占绝大多数，为 92.99%，户主未婚或者离婚的比例都为 0.96%，所占比例最小，丧偶者比例为 5.09%。在被访对象与户主的关系中，访谈到户主的比例为 75.48%，这进一步增强了数据的可信性和准确性，被访谈对象为户主配偶的比例为 13.38%，最后分别有 4.46% 和 5.41% 的受访者分别为户主的子女和父母。具体信息如表 5 – 8 所示。

表 5 - 8 　　　　　　　　　　　调查对象基本信息

调查对象基本信息	类别指标	占比（%）
户主性别	男	84.71
	女	15.29
户主婚姻状况	已婚	92.99
	未婚	0.96
	离婚	0.96
	丧偶	5.09
与户主关系	户主	75.48
	配偶	13.38
	子女	4.46
	父母	5.41
	祖父母	0
	孙子女	0
	兄弟姐妹	0
	媳妇女婿	1.27
	其他	0

（2）农户家庭不动产和自然条件分析。

"靠山吃山，靠海吃海"，农民生活在农村必须依赖于进行农业生产的自然资本。本书主要选择农户家庭耕地面积和林地面积等指标进行资本测度。经营权这一类证书是保证农户生活稳定的重要因素，并且农业生产和农业资本容易受自然灾害的影响。问卷结果显示，461 户农户家庭取得"农村土地承包经营权证"或"不动产权证书"的占 84.39%，未取得相关土地类证书的占15.61%，说明当地农户稳定生活生产方面政策落实较好。而在是否取得"林权证"问题中，有 97.45% 农户表示没有。在地区自然灾害近几年发生频率方面，受访对象中 47.77% 的人认为和五年前差不多，认为自然灾害比五年前多的占28.66%，认为干旱或洪涝等自然灾害比五年前少了的占23.57%。总体表明当地的农户自然资本和影响生产生活的自然条件处于相对较好状态，如表5-9所示。

表5-9 土地资本和自然灾害状况

不动产和自然条件信息	选项	占比（%）
是否拿到"农村土地承包经营权证"或"不动产权证书"	是	84.39
	否	15.61
是否拿到"林权证"	是	2.55
	否	97.45
您所在区域干旱/洪涝等自然灾害发生的频率	和五年前比多了	28.66
	和五年前比少了	23.57
	和五年前差不多	47.77

（3）农户住房物资情况分析。

随着乡村振兴政策和加大扶贫政策的出台和不断实施，近几年农村家庭的生活设施大部分有所改善，农村居民生活更加安稳幸福。农户物质资本属于农民生活必备的条件，其涉及的范围较广，本研究进行多维度、全方位的指标设置，尽可能了解农户家庭的资本情况。其中住房是村民生活最基本和最重要的保障之一，就住房情况而言，所得问卷数据见表5-10。全部受访者中表示2018年前住房类型为独院的占60.83%，比例最大，商品房仅占1.60%；在近五年的住房类型中，受访者数据中除了平房比例有所下降，从11.46%下降到7.96%外，其余住房类型所占比例皆在上涨，独栋楼房类型上涨了0.96%，独院类型由60.83%上升到62.74%，商品房类型则上升了40%。并且住房结构数据表明（见表5-11），农户住房多以砖、混凝土结构为主，安全性较高。总体表明当地农民基本生活质量呈现出不断优化的势头。

表 5 - 10　　　　　　　2018 年前与近五年住房类型状况

时间	住房类型	占比（%）
2018 年前	平房（一层）	11.46
	独栋楼房	26.11
	独院	60.83
	商品房	1.60
近五年	平房（一层）	7.96
	独栋楼房	27.07
	独院	62.74
	商品房	2.23

表 5 - 11　　　　　　　2018 年与近五年住房结构状况

时间	住房结构	占比（%）
2018 年前	木质结构	0.32
	砖、木结构	7.64
	混凝土结构	25.80
	砖、混凝土结构	66.24
近五年	木质结构	0
	砖、木结构	6.05
	混凝土结构	27.07
	砖、混凝土结构	66.88

（4）农户现金援助情况分析。

农民家庭一般经济收入水平要比城镇家庭要低，因而在遇到突发重大困难情况时，很可能会因为资金不足失去很多宝贵的机会。良好的金融资本链条是农户生活和生存的重要保障，也是农户生计资本的重要构成部分。如今农村信贷机构逐渐发展起来，但同时也存在信贷信息不流通、贷款落实难等问题。农村金融资本流通是迫切需要解决的生计问题之一。

本书在研究农户金融资本时，选取农户家庭总收入、现金信贷机会和现金援助机会等二级指标进行数据收集，所得结果如表 5 – 12 所示。在问及如果急需用钱，是否有途径借钱渡过难关的问题时，有 81.21% 的被访对象表明有借钱途径，而表示没有途径的占 18.79%，表明当地大部分农户的现金援助机会存在较多的保障，但同时更需要关注没有应急借钱途径的农户，并加强引导寻找援助机会，通过宣传增强农户的自我借贷意识和能力，增强生活安稳度。

对于可以找到多少人借钱的问题，有 72.29% 的人表示可以找到 1 ~ 5 户家庭借钱；其次是可以找 5 ~ 10 户人家借款，占比为 7.32%；而能找到 10 户家庭以上救急借钱的农户家庭比例较少，仅为 3.18%；没有办法找人借钱的农户所占数量也较为突出，所占比例为 17.21%。由此可以看出，农村家庭所能寻求的救急机会十分有限，农户生活质量和自身发展受限。

表 5 – 12 农户现金援助机会状况

家庭援助信息	选项	占比（%）
如果急需用钱，您可以找多少人借钱？	0 户	17.21
	1 ~ 5 户	72.29
	5 ~ 10 户	7.32
	10 户以上	3.18
急需用钱时是否有途径借钱渡过难关	是	81.21
	否	18.79

在对可以找到借钱途径的农户进一步询问融资渠道问题时，所得到的数据如表 5 – 13 所示。农户表示急需用钱的融资渠道较大部分为亲戚朋友，占到所有研究农户的 87.45%；然后是来自银行和信用社的融资，其所占比例分别为 12.16% 和 5.88%；比例较低的融资渠道为政府所提供的扶贫贴息贷款，其比例仅为 0.39%。这种情况说明农户的融资主要为社交圈子内部的小金额筹款，考虑到农村居民收入较低和农村人际关系复杂多变的问题，这种情况会很大程度增加农户应对突发困难的风险和不稳定。

表 5 – 13　　　　　　　　　　农户急需用钱融资渠道

融资渠道	占比（%）
政府提供的扶贫贴息贷款	0.39
亲戚朋友	87.45
银行	12.16
信用社	5.88
民间借贷机构	0.39
其他渠道	0

（5）农户从业类型和生计调整意愿情况分析。

一直以来，农民多以种植粮食作物和经济作物来维持生计，但随着乡村建设和特色乡村政策的不断推进，农村居民的就业选择和生活模式渐渐发生了变化。在研究农户经济变化情况时，本书主要从所从事的行业类型和调整生计活动意愿程度等方面入手，一方面了解农户主要收入来源，另一方面也进一步了解当地农村发展给农户生计资本带来的变化，数据见表 5 – 14。2018 年前，当地农户主要以从事第一产业为主，从事农业的在被访者中的比例占到 71.34%；从事第二和第三产业的农户所占比例较为接近，分别为 38.54% 和 48.41%，第三产业从业人数比第二产业多了 10% 左右。而在近五年，当地受访农户的数据表明从事农业的人数有明显下降趋势，降到了 64.65%；而从事第二产业和第三产业的人数均呈现出一定的上升态势，其中第三产业从业人数占总体的 55.1%，与第二产业之间的差距进一步拉大到约 16%。说明近五年农户从业类型逐渐向第三产业转变，并且趋势明显，表明农村发展为农林牧渔业服务业带来了新的发展机会，同时也扩大了就业机会和范围，从而增加了农户收入来源和比例。

表 5 - 14　　　　　　　　**农户 2018 年前和近五年从业类型**

时间	所主要从事行业类型	占比（%）
2018 年前	农业	71.34
	第二产业（采矿、制作、手工）	38.54
	第三产业（农林服务、餐饮等）	48.41
	其他	1.27
近五年	农业	64.65
	第二产业（采矿、制作、手工）	39.17
	第三产业（农林服务、餐饮等）	55.10
	其他	1.91

关于农户生计活动的调整意愿及其原因的调查数据见表 5 - 15。受访对象中有 85.03% 的人表示不想对现行生计活动进行调整；而不愿意进行生计活动调整的原因中"年龄较大"成为最大的因素，其所占比例达到 78.28%；其余原因诸如缺乏资金、缺乏经验、风险大等在受访者的选择中占比均为 10% ~ 21% 之间，较为均衡（见表 5 - 16）。此结果一方面表明农户现常住人口的老龄化问题严重，另一方面也表明农村生计方式的调整需要较大的推动力和支

持力，包括资金、技术和人才引进等多渠道的融合发展，才能够进一步加快农村农户的生计策略转型。

表 5 – 15　　　　　　　　农户调整生计活动意愿情况

生计方式调整意愿	选项	占比（%）
将来是否有调整自己生计方式的计划	是	14.97
	否	85.03

表 5 – 16　　　　　　　　农户不愿意调整生计的原因

原因	占比（%）
年龄较大	78.28
缺乏技术	20.22
缺少资金	13.86
缺少经验	16.10
风险大	19.10
其他	10.49

（6）农户生计环境感知情况分析。

农民的生计环境除了自然环境之外，更重要的是社会环境及受其变化的影响，农村环境变化频率高且具有较大的未知性，因此了解农户生计环境，对其感知情况进行深入分析，有利于探寻农户生计资本的需求，提高其满意度。

农户家庭环境变化情况见表 5 – 17。被采访对象认为近五年家庭福利（教育/医疗）水平略有提高的占比为 44.27%；而认为娱乐丰富度略有提高的占比为 38.85%，认为娱乐丰富度没有变化的有 38.22%，两者相差较小；对于就业机会，受访者有接近一半的人认为近五年就业机会没有变化，所占比例为41.08%；占比最高的为生态保护意识的显著提高，其占比为50%。说明在总体的宏观环境方面，家庭的感知度较明显，在小众或者具体的形式上感知程度较弱。

农户所在乡村近五年环境变化情况见表5－18。被采访对象中认为交通基础设施建设情况和生态环境发展情况显著提高的比例较大，均超过50%；认为基本没有变化的占比超过50%的指标，则为农产品销售渠道的改善、农业技术和种植技术的改进以及农村旅游业的发展；同时有35%～45%的农户认为政府扶持和资金投入，以及乡村自治组织的建设情况在近五年略有提高和改善。这进一步说明农村农户整体环境得到较大的改善，绿色美丽乡村建设成效显著，修路致富的指导方针也发挥出重要的作用，农户在农业生产和农产品销售方面也可更便捷地获得协助。但同时在农村多产业联合发展、拓展农村产业链、提升农民收入、增加农民收入来源等方面需要进一步加大投入，以不断提高农户的生活环境感知度。

表5－17 农户家庭环境近五年变化情况

指标	占比（%）				
	显著提高	略有提高	没有变化	略有降低	显著降低
福利（教育/医疗）水平	32.17	44.27	19.43	4.14	0
娱乐丰富度	20.38	38.85	38.22	2.55	0
就业机会	13.06	34.71	41.08	9.24	1.91
生态保护意识	50.00	37.90	11.46	0.64	0

表 5 - 18　　　　　　　　农户所在乡村近五年环境变化情况

指标	占比（%）				
	显著提高	略有提高	没有变化	略有降低	显著降低
交通基础设施建设情况	59.55	35.03	4.46	0.66	0.30
农产品销售渠道的改善	11.78	25.16	54.14	8.92	0
农业技术和种植方式的改进	17.83	25.80	55.73	0.64	0
农村旅游业的发展	15.61	22.29	61.78	0.32	0
政府扶持和资金投入	18.15	35.99	43.95	1.91	0
生态环境发展情况	53.50	42.04	3.50	0.66	0.30
乡村自治组织的建设情况	20.38	42.04	37.26	0.30	0.02

5.3.5　权重量化分析

通过对专家问卷和对农户进行访谈得到的问卷数据进行描述性分析，整理相关结果可以看出不同因素在目标对象中的基本面分布情况。但仅存于表面的数据难以有足够的说服力，同时缺乏一定的科学性。

因此，运用算法对不同指标数据进行权重量化计算和分析，是科学表征农户生计资本和生计策略的重要环节与方法。在对搜集到的数据进行整理分析过程中，根据 AHP 层次分析法计算公式，将不同层级资本指标内的下属二级数据评价指标进行两两比较，并且对影响的相对重要程度进行赋权，得到以下不同指标数据相互比较的影响程度表征结果，如表 5 - 19 至表 5 - 25 所示。

表 5 - 19　　　准则层与指标层影响因素的判断矩阵（$CR = 0.0062$）

H	指标				权重向量
	劳动力规模	家庭成员职业技能	文化水平	身体健康状况	
劳动力规模	1	0.35	0.23	0.20	0.3562
家庭成员职业技能	2.86	1	0.53	0.39	0.8769
文化水平	4.36	1.89	1	0.85	1.6268
身体健康状况	4.96	2.59	1.18	1	1.9732

表 5 - 20　　　准则层与指标层影响因素的判断矩阵（$CR = 0.0002$）

N	农户耕地面积	农户林地面积	拥有的园地、鱼塘等面积	权重向量
农户耕地面积	1	0.60	0.31	0.5723
农户林地面积	1.68	1	0.51	0.9474
拥有的园地、鱼塘等面积	3.18	1.97	1	1.8444

表 5 - 21　　　准则层与指标层影响因素的判断矩阵（$CR = 0.0257$）

P	住房面积	住房情况	家庭耐用品数量	牲畜数量	交通工具	权重向量
住房面积	1	0.92	0.55	0.23	0.29	0.5064
住房情况	1.08	1	0.32	0.21	0.18	0.4205
家庭耐用品数量	1.81	3.10	1	0.31	0.27	0.8596
牲畜数量	4.44	4.83	3.18	1	0.67	2.1498
交通工具	3.45	5.50	3.76	1.48	1	2.5410

表 5 - 22　　　准则层与指标层影响因素的判断矩阵（$CR = 0.0095$）

F	现金信贷机会	现金援助机会	家庭总收入	权重向量
现金信贷机会	1	0.67	0.39	0.6399
现金援助机会	1.50	1	0.44	0.8668
家庭总收入	2.55	2.30	1	1.8029

表 5 – 23　　准则层与指标层影响因素的判断矩阵（ $CR = 0.0150$ ）

S	社交参与度	可求助户数	技术帮助	家庭或亲戚中政府工作人员	权重向量
社交参与度	1	0.52	0.24	0.19	0.3923
可求助户数	1.93	1.00	0.41	0.20	0.6324
技术帮助	4.19	2.43	1	0.49	1.4941
家庭或亲戚中政府工作人员	5.21	4.97	2.05	1	2.6981

表 5 – 24　　准则层与指标层影响因素的判断矩阵（ $CR = 0.0210$ ）

G	政策满意度	政策关注度	政策补贴	权重向量
政策满意度	1	0.44	0.18	0.4241
政策关注度	2.30	1	0.26	0.8407
政策补贴	5.71	3.87	1	2.8046

表 5 – 25　　准则层与指标层影响因素的判断矩阵（ $CR = 0.0000$ ）

C	文化认知度	文化运用度	权重向量
文化认知度	1	0.33	0.5757
文化运用度	3.02	1	1.7370

　　根据以上判断矩阵，然后依次按照顺序将单一准则的权重进行组合计算，得到各指标对于目标对象的权重向量总体排序，如表 5 – 26 所示。

表 5 - 26　　　　　　　　　　　　　层次总排序

指标层元素	准则层元素及权重							指标层总排序权重：$b_i = \sum_{j=1}^{N} b_{ij} a_j$
	H	N	P	F	S	G	C	
	0.143	0.143	0.143	0.143	0.143	0.143	0.143	
劳动力规模（H_1）	0.074	0	0	0	0	0	0	0.011
文化水平（H_2）	0.337	0	0	0	0	0	0	0.048
身体健康状况（H_3）	0.408	0	0	0	0	0	0	0.058
家庭成员职业技能（H_4）	0.181	0	0	0	0	0	0	0.026
农户耕地面积（N_1）	0	0.170	0	0	0	0	0	0.024
农户林地面积（N_2）	0	0.282	0	0	0	0	0	0.040
拥有的园地、鱼塘等面积（N_3）	0	0.548	0	0	0	0	0	0.078
牲畜数量（P_1）	0	0	0.332	0	0	0	0	0.047
住房面积（P_2）	0	0	0.078	0	0	0	0	0.011
住房情况（P_3）	0	0	0.065	0	0	0	0	0.009
家庭耐用品数量（P_4）	0	0	0.133	0	0	0	0	0.019
交通工具（P_5）	0	0	0.392	0	0	0	0	0.056
家庭总收入（F_1）	0	0	0	0.545	0	0	0	0.078
现金信贷机会（F_2）	0	0	0	0.193	0	0	0	0.028
现金援助机会（F_3）	0	0	0	0.262	0	0	0	0.037
家庭或亲戚中政府工作人员（S_1）	0	0	0	0	0.517	0	0	0.074
村社组织参与度（S_2）	0	0	0	0	0.075	0	0	0.011
可求助户数（S_3）	0	0	0	0	0.121	0	0	0.017

续表

指标层元素	准则层元素及权重							指标层总排序权重: $b_i = \sum_{j=1}^{N} b_{ij} a_j$
	H	N	P	F	S	G	C	
	0.143	0.143	0.143	0.143	0.143	0.143	0.143	
技术帮助（S_4）	0	0	0	0	0.286	0	0	0.041
政策补贴（G_1）	0	0	0	0	0	0.689		0.098
政策关注度（G_2）	0	0	0	0	0	0.207	0	0.030
政策满意度（G_3）	0	0	0	0	0	0.104	0	0.015
文化认知度（C_1）	0	0	0	0	0	0	0.249	0.036
文化运用度（C_2）	0	0	0	0	0	0	0.751	0.107

对本研究的数据进行 AHP 层次分析法和熵权法赋权，再进行组合分析，得出农户生计资本的综合变量权重，见表 5 – 27。其中人力资本综合权重 0.0263，在所有指标中所占比例处于较低位置；所有农户生计资本指标值中占比最大的是自然资本，权重为 0.4308；其余物质资本、金融资本和文化资本的权重均小于 0.1；社会资本和政策资本对于农户生计资本的综合权重较为接近，分别为 0.1812 和 0.1803。

表 5 – 27　　　　　　　　生计资本综合变量权重

生计资本	权重	测量指标	AHP法权重	熵权法权重	组合权重
人力资本	0.0263	劳动力规模（H_1）	0.0737	0.1707	0.0499
		文化水平（H_2）	0.3366	0.2971	0.3971
		身体健康状况（H_3）	0.4083	0.1884	0.3054
		家庭成员职业技能（H_4）	0.1814	0.3437	0.2476
自然资本	0.4308	农户耕地面积（N_1）	0.1701	0.1966	0.0944
		农户林地面积（N_2）	0.2816	0.4479	0.3558
		拥有的园地、鱼塘等面积（N_3）	0.5483	0.3555	0.5499

生计资本	权重	测量指标	AHP法权重	熵权法权重	组合权重
物质资本	0.0915	牲畜数量（P_1）	0.3319	0.7036	0.8007
		住房面积（P_2）	0.0782	0.1070	0.0287
		住房情况（P_3）	0.0649	0.0328	0.0073
		家庭耐用品数量（P_4）	0.1327	0.0532	0.0242
		交通工具（P_5）	0.3923	0.1035	0.1392
金融资本	0.0480	家庭总收入（F_1）	0.5448	0.2194	0.4035
		现金信贷机会（F_2）	0.1933	0.4052	0.2645
		现金援助机会（F_3）	0.2619	0.3755	0.3320
社会资本	0.1812	家庭或亲戚中政府工作人员（S_1）	0.5172	0.2999	0.5327
		村社组织参与度（S_2）	0.0752	0.2446	0.0632
		可求助户数（S_3）	0.1212	0.0773	0.0322
		技术帮助（S_4）	0.2864	0.3782	0.3720
政策资本	0.1803	政策补贴（G_1）	0.6892	0.6031	0.8403
		政策关注度（G_2）	0.2066	0.3675	0.1535
		政策满意度（G_3）	0.1042	0.0294	0.0062
文化资本	0.0418	文化认知度（C_1）	0.2489	0.3948	0.1778
		文化运用度（C_2）	0.7511	0.6052	0.8222

5.4　研究结果

前文已对各项指标进行标准化和权重计算，因此运用综合指标法计算各项农户生计资本的数值 R，计算公式为：

$$R = \sum_{i=1}^{n} s_{ij}\gamma_i \qquad (5-15)$$

其中，R 代表某项生计资本的数值，γ_i 为某一指标的权重值，s_{ij} 为该评价指标的标准化得分值。

5.4.1　矿粮复合区农户生计资本现状分析

基于上述各资本权重数据，可以运用综合指数法计算出 461 户农户的七大类生计资本的综合得分，对 DT 镇和 ZT 镇 9 个村的生计资本值进行统计，揭示了村与村之间的差异性，结果如表 5－28 所示。

表 5－28　　　　　　　　不同镇（村）农户生计资本现状值

镇	村	人力资本	自然资本	物质资本	金融资本	社会资本	政策资本	文化资本	生计资本
DT 镇	A	0.215	0.017	0.083	0.640	0.305	0.063	0.665	1.988
	B	0.216	0.015	0.090	0.692	0.232	0.080	0.333	1.658
	C	0.234	0.000	0.088	0.541	0.303	0.035	0.115	1.316
	D	0.218	0.018	0.076	0.679	0.208	0.077	0.339	1.615
	E	0.247	0.009	0.091	0.749	0.287	0.093	0.476	1.952
	F	0.208	0.019	0.092	0.650	0.263	0.074	0.337	1.642
ZT 镇	G	0.186	0.077	0.066	0.671	0.205	0.085	0.418	1.707
	H	0.220	0.139	0.073	0.678	0.394	0.107	0.493	2.104
	I	0.207	0.078	0.071	0.722	0.294	0.098	0.451	1.921
总平均值		0.215	0.051	0.080	0.681	0.281	0.085	0.433	1.826

生计资本方面，ZT 镇 H 村生计资本平均值最高为 2.104，贡献率较高的资本主要是金融资本，对应值为 0.681；其次是 DT 镇 A 村，生计资本平均值为 1.988，贡献率较高的资本主要是文化资本和金融资本，分别为 0.665 和 0.640；生计资本平均值最低的是

DT 镇 C 村，对应值为 1.316，主要影响因素是自然资本，资本值为 0。主要原因是 ZT 镇 H 村地理位置优越，毗邻县城，土地平坦，土壤适宜种植黄烟，此农作物能够带来丰厚的利润，且当地农户具有较高的金融意识和金融活动参与程度，使得金融资本在该村的生计资本中占据重要地位；DT 镇 A 村的文化传承和保护对于文化资本的积累起到至关重要的作用，该村通过挖掘和活化利用红色义化，高标准建成省级"红色村"，推动农文旅产业融合，这些举措有效地带动文化资本的提高，并促进金融资本的增长；DT 镇 C 村土地受污染严重，导致农户无法依赖种植等传统农业生计，因此农户基本无地，主要向非农化方向发展，大量农户外出务工，外出人数超过该村总人数的 50%。这使 C 村各项资本普遍较低，难以实现农村特色产业的打造，从而影响生计资本的提高。

人力资本方面，DT 镇 E 村人力资本值最高，均值为 0.247，其次是 C 村，均值为 0.234，而 ZT 镇 G 村人力资本最低，仅为 0.186。主要原因是 E 村和 C 村自然资本相对匮乏，导致农户主要向非农化发展。同时，E 村和 C 村距离县城较近，交通便利，非农就业机会多，大量农户进入县城从事各类职业，农户受教育程度和所拥有的职业技能方面具有显著优势，从而人力资本值较高；ZT 镇 G 村的情况与之相反，该村主要位于丘陵地带，距离县城较远，交通不便，且地区内贫富差距较大。由于地理条件的限制，农业收入较为困难，许多年轻人纷纷外出务工，导致村庄中老年人和弱势群体成为留守人口。留守农户年龄跨度大，受教育程度有限，缺乏较多的知识和职业技能，因此该村的人力资本值较低。

自然资本方面，ZT 镇 H 村相对较高，均值为 0.139，I 村自然资本值为 0.078，仅次于 H 村，DT 镇 C 村自然资本最为匮乏，对应值为 0。主要原因是 ZT 镇具有丰富的耕地与林地资源，其山林面积达到 19.38 万亩，森林覆盖率高达 69%，耕地面积 2.67 万亩。这说明 H 村和 I 村农户所依赖的土地资源相对充足。丰富的耕地为农户提供了广阔的农业生产空间，增加了自然资本值；DT 镇 C 村自然资本最低的原因在于周围矿企的污染使得大部分土地失去了原有的生产功能，无法再继续进行传统农业生产。政府为应对环境问题，将该村土地 100% 统一流转用于发展光伏发电项目，而林地则被划为生态保护林，无法直接用于生计和经济开发，这种限制导致 DT 镇 C 村的自然资本无法得到有效利用，自然资本值为 0。

物质资本方面，DT 镇 F 村物质资本值相对较高，均值为 0.092，其次是 E 村，均值为 0.091，ZT 镇 H 村物质资本值较低，均值为 0.066，各村物质资本值差距较小。主要原因是样本区域农户住房情况较为相似，大多为包括院子的 2~4 层楼房。除此之外，这些村庄都得到了一定程度的社会基础设施建设和改善，如交通、水电等方面。农户在生产性工具方面也没有较大差异，大多数农户没有专业型机械化农业工具，而是选择外包机械团队来完成耕种等农业生产活动，各村的生产性工具使用情况相对一致。

金融资本方面，DT 镇 E 村和 ZT 镇 I 村的金融资本值相对较高，对应值分别为 0.749 和 0.722，DT 镇 C 村的金融资本值最低，对应值为 0.541。主要原因是 DT 镇 E 村乡村旅游发展打破了以农为主的生计方式，农户可自营民宿，拓宽了收入来源；ZT 镇 I 村拥有 2266 亩黄烟种植面积，黄烟分成达 18 万元/年，分成收益可观，为农户致富提供了重要的经济支撑。2023 年村集体收入预计可达 26.5 万元，而农户的农业收入也达到 4 万~5 万元/年。这都得益于地方政府和乡贤人才的积极支持，不仅推动了"一村一品"的发展，还增加了农户获得现金援助和信贷的机会，进一步促进了金融资本的积累和扩充；针对 DT 镇 C 村而言，相对较低的自然资本和政策资本决定了当地农户难以种植具有当地特色的农作物，无法参与农业劳作并从中获得较高的利润和收益。

社会资本方面，ZT 镇 H 村社会资本值最高，均值为 0.394，其次是 DT 镇 A 村，对应值为 0.305，ZT 镇 G 村的社会资本值最低，对应值为 0.205。主要是因为 H 村和 A 村分别为 ZT 镇和 DT 镇的核心村落，享有较高的社会支持度和区位优势，这意味着这两个村落在当地社会网络中具有较强的社会联系和资源整合能力。受益于这些优势，H 村和 A 村能够获得更多的政策支持和人力支持，从而进一步提升了社会资本值；ZT 镇 G 村留守人口多为老弱病残，依靠低保获得生活来源。因此，政府和相关组织所提供的技能培训对于农户的实际情况无法发挥作用，导致了社会资本的有限性。另外，由于 G 村常住农户数量较少，社会联结度低，也限制了社会资本的积累和发展。

政策资本方面，ZT 镇 H 村的政策资本值最高，均值为 0.107，其次是 I 村，均值为 0.098，DT 镇 C 村政策资本值最低，对应值为0.035。主要原因是 ZT 镇 H 村和 I 村住房情况、住房安全、基础设施建设以及农业发展水平提高显著。这些改进得益于乡村振兴活动的丰富推进，例如乡村振兴积分评比、美丽庭院评比等。乡村振兴政策的实施使得农户的生活得到极大改善，增加了对政策的满意度，导致 H 村和 I 村的政策资本较高；DT 镇 C 村面临土地资源污染和水资源受限的严重问题，农户指出当地政府补贴较少，医保费用高，报销较少，导致农户负担较重，对政策满意度较低，因而C 村的政策资本值较低。

文化资本方面，DT 镇 A 村的文化资本值最高，均值为 0.665，其次是 ZT 镇 H 村，对应值为 0.493，DT 镇 C 村文化资本值最低，对应值为 0.115。主要原因是 DT 镇 A 村从全省有名的贫困村发展成为红色旅游基地，其深刻挖掘并运用了当地历史建筑背后的红色历史文化，并修建了党员红色教育展馆，继承革命传统，弘扬红色文化。农户谈及战争时期的文化及建筑时，拥有较强的自豪感。

同时该村能够铭记历史，缅怀先烈，将历史文化运用于乡村红色旅游经营，文化认知度和运用度都较高，具有较丰富的文化资本；DT 镇 C 村较为缺乏文化活动，农户接触和参与文化活动的机会较少。同时，文化资本的积累需要政府和社会的支持和投入，C 村的政策资本和文化资本相对较低，由此可见文化资本的积累受到了政策和资金的限制。

5.4.2　农户生计的整体水平

综合 DT 镇、ZT 镇 9 个村的生计资本状况，可以得出 461 个调查农户的生计资本现状，从而得出韶关市矿粮复合区农户拥有的七大类生计资本的平均水平。结果表明，韶关市矿粮复合区农户拥有的七类生计资本对其平均生计水平的贡献率具有显著的差异，如图 5 - 7、表 5 - 29 所示，样本的人力资本、自然资本、物质资本、金融资本、社会资本、政策资本、文化资本的均值分别为 0.215、0.051、0.080、0.681、0.281、0.085、0.433。

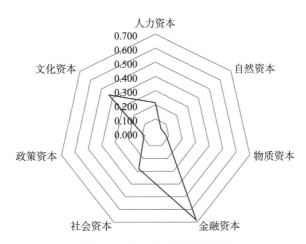

图 5 - 7　农户生计资本现状值

表 5 – 29 农户生计资本现状值

项目	人力资本	自然资本	物质资本	金融资本	社会资本	政策资本	文化资本
数值	0.215	0.051	0.080	0.681	0.281	0.085	0.433
排序	4	7	6	1	3	5	2

在这七类生计资本中，金融资本的数值最高，为 0.681。研究区域各村村集体经济收入稳步提升。农户收入主要来源于黄烟返利、生态公益林协管费、生态康养旅游发展等，打破了研究区域主要依靠农业的生计方式，拓宽了生计来源。农户通过参与旅游经营、从事旅游就业等途径增加了家庭收入和经济储蓄。ZT 镇坚持农业立镇与坚持生态休闲旅游发展相结合。2022 年，黄烟实际收购总价 1913 万元，均价达 15.7 元/亩，黄烟田亩产值达到 4819 元。在旅游发展方面，推进资源资产有效利用，通过强化和巩固森林小镇创建成果，丰富森林景观，增加镇区绿化，建设了较为完备的生态旅游产业体系。2020 年来，DT 镇休闲农业与乡村旅游发展迅速。河富大井民宿项目顺利投入运营，示范带动了 E 村、D 村、B 村等绿道沿线村充分盘活闲置房屋、校舍、土地资源，共同谋划打造民宿产业群。截至目前，全镇民宿、客栈、旅馆 15 家，农庄 18 家，餐饮、住宿等配套服务日趋完善，旅游产业链条不断延伸。这说明乡村旅游与休闲农业已经成为新的经济增长点。在地方政府的产业扶持与旅游投资商的资金投入双重推动下，农户的经济信贷机会得到了显著增加，使农户能够扩大农业生产规模，改善生产条件，更好地满足市场需求，还为他们开启了创业和自主创新的机遇，这为农户的金融资本积累和扩充创造了有利的条件。

从文化资本来看，指数值为 0.433，仅次于金融资本，排名第 2。在乡村振兴战略的推动下，研究区域政府投入资金修建红色教育馆等历史文化宣传设施，有助于加强历史文化的传播和宣传。政府支持的宣传举措使得当地农户更加了解和认可当地的历史文化。农户熟知当地的历史文化、历史古迹及中秋舞狮等民俗文化活动。在调研访谈中，农户积极向调研小组介绍当地独特的历史古迹和建筑。年长的农户在谈及当地革命先烈、革命历史时还不经意流露出较高的自豪感。农户在乡村振兴战略发展过程中，积极传承和挖掘当地的历史文化、包括历史古迹、民俗文化活动和红色文化等。农户能够将当地传统、红色文化有效运用于乡村旅游经营，如红色教育馆、民宿客栈和矿山公园。这些元素代表着当地人的传统、历史和价值观，对于增强乡村凝聚力和认同感至关重要。在乡村凝聚力和认同感提升的同时，农户对乡村文化资源保护意识也显著增强，传统的建筑景观被积极修缮。这些乡村文化资源和传统建筑不仅是旅游者视角独特的旅游吸引物，更成为当地农户重要的文化资本。

从社会资本来看，指数值为 0.281，排名第三。研究区域农户整体社会支持度和区位优势度相对较高，大部分农户获得了良好的政策和人力支持，整体社会联结度较高、可利用的社会关系网络较丰富。比如党建引领作用显著，村级后备干部储备充实。通过拓宽村级后备干部选拔渠道，重点从农业创业致富带头人、返乡大学生、退伍军人以及外出务工经商人员、村级组织员中物色人选，将符合条件的纳入人选库管理。党组织建设阵地更加完善，市委组织部积极投入示范建设经费，在 DT 镇和 ZT 镇均改造建设了党群服务中心，新建了办公楼。引导乡贤提供技术帮助及资金投入，以"党建引领、空间共享、服务多元"为基础理念，党群服务中心能够为农户提供服务和指导；地方政府及村级组织每年提供 4 次以上的职业技能培训，内容涵盖家政、粤菜等多个领域。这种多样化的培训计划使得农户能够选择适合自己兴趣和潜力的培训项目，使他们具备更多就业和创业的选择。技术培训的不断提升，促进了农户职业技能的持续提高，进而增加了他们在社会中的竞争力和社会资本的积累。

从人力资本来看，指数值为 0.215，与社会资本的差距较小，排名第 4。结合调研数据和资料发现，户均劳动力规模为 3.7 人。当地农户中，未读过书的人数占被调查人口数量的 5%，小学程度的占 22.96%，初中程度的占 29.86%，高中或中专程度的占 24.26%，大专及以上程度的占 16.91%。拥有农业、务工技能和其他经营技能的人数占调查人口总数的 98%。可以看出，当地农户整体受教育水平较为平均，受过中等教育的比例相对较高，此外，在劳动技能方面，当地农户的劳动力具备多样化的技能，能够参与农业生产、务工和其他经营活动，为乡村经济发展提供了有力的支持。但是当地农户受过高等教育的人口数量比例相对较低，整体受教育水平不高，45%的农户拥有的职业技能主要集中在农业技能上，限制了他们在其他领域寻找工作的机会。在乡村振兴过程中，还需要继续加强教育投入，提高高等教育普及率，培养更多高素质的人才，以推动社会资本和经济发展的持续提升。同时，也应关注农村劳动力的多样性和技能升级，促进研究区域人力资本的提升。

从政策资本来看，指数值为 0.085。通过对调研数据的分析发现，46.18%的农户对当地政策几乎不关注，34.08%的农户偶尔关注，19.75%的农户经常关注。表明政府政策在传达和普及方面还有较大的改进空间，农户反映政策内容与他们的实际需求和利益关切不够契合，导致农户对政策关注度较低。在对政策的满意度方面，61.15%的农户对当地政策较满意，但仍有 10.19%的农户对当地政策较不满意。不满意的农户主要反映政府在政策执行方面存在一些问题，如资金落实不到位、财政补贴不平衡等。这表明政策的落地执行还存在一些不足，在制定政策时可能未充分考虑到农户的具体情况和需求，导致政策的针对性不强。同时，政府在政策实施过程中可能面临着资源调配不均、资金分配不合理等挑战，一些地区可能得到了更多的政策支持和资金补贴，而其他地区则面临着资源短缺的困境。这种不均衡的资源配置导致农户对政策满意度的差异。因此有超过一半的农户对当地政策表示满意，但仍有不满意的情况。政策资本仍处于劣势，需要政府进一步改进政策执行、资源调配和财政补贴方式，同时加强政策宣传和传达，确保政策与农户的实际需求相匹配，提高政策资本的指数值。

从物质资本来看，指数值为 0.08，相对较低。结合调研数据和资料发现，在所调研的样本中，未养殖禽畜的农户有 146 户，占样本总量的 31%，而其他参与养殖的农户大部分以养殖鸡、鸭、鹅为主，户均养殖数量在 27 只左右。在住房情况方面，采用砖、混凝土结构的住房户数占总数的 66.88%，采用混凝土钢筋结构的住房户数占总数的 27.07%，而采用砖、木结构的住房户数只占总数的 6.05%。就养殖情况而言，养殖规模较小导致产出有限，难以充分利用物质资源实现更高的产出价值。养殖规模较小的局限性使得农户仅能满足基本的日常需求，难以获得较高的经济收益。对于未养殖禽畜的 146 户农户而言，存在各种原因导致他们未涉足养殖业。这些原因包括缺乏养殖技术和经验、资金不足，年龄较大或者由于地方政策限制等。由于未参与养殖，这些农户可能在物质资本的积累方面受到了一定的制约。就住房情况而言，砖、混凝土结构已经成为研究区域农户住房的主流结构，这表明在一定程度上农村居住水平得到了改善。同时，采用混凝土钢筋结构的住房户数也在逐渐增加，农村住房结构的升级体现出生活水平的提高。造成 6.05% 农户住房结构较差的原因是多方面的，地区间的贫富差异是重要原因之一，一部分研究区域在矿山中，经济水平较低，社会资源有限，政府对住房改善的投入较低，导致这部分农户的住房条件相对较差。另外，位置偏僻和交通不便也是影响住房改善的因素。某些偏远地区可能由于地理位置和交通条件的限制，难以吸引足够的资源和投入，导致农户难以改善住房条件。

自然资本指数值最低，仅为 0.051。研究区域户均耕地和水田轮作的面积为 5.91 亩，其他（林地、园地、鱼塘）为 3.17 亩，自然资产匮乏。研究区域矿企的开采对当地土地和水源造成了一定程度的污染，进一步加剧了农户自然资本的流失和闲置。政府为保持生态的绿色发展，统一流转征收大量土地发展光伏项目。另外，农户的生计策略也在转变中，降低了对自然资本的依赖程度。农户将土地流转给当地的农业大户，使得农业经营规模逐渐扩大，同时减少了个体农户的自然资本值。可见随着城镇化的发展，自然资本在农户生计中的重要性不断下降。

综合来看，研究区域的生计资本整体水平较高，其中金融资本是主要的贡献者，发挥着重要的推动作用。金融资本的提高有助于其他资本的增长，形成了资本间的良性循环。值得强调的是，各类资本之间存在着相互关联和相互促进的关系。社会资本和文化资本的积累为农户提供了更广阔的社会资源和人际网络，使他们更容易获取信息和资源，这有助于提高农户的市场竞争力和协作能力，进而促进了物质资本和人力资本的有效利用。政策资本的支持也对其他资本的发展产生着重要的影响。值得注意的是，自然资本对生计资本整体水平的贡献最低。调研显示农户对自然资本的依赖程度降低，受到城镇化和乡村振兴战略的影响，农户更注重金融资本和文化资本的积累，以提高生计资本值。然而，自然资本的匮乏仍然存在一定问题，需要政府和社会共同努力来保护和恢复自然资源，确保农村地区的可持续发展。

第6章 乡村振兴背景下矿粮复合区农户生计转型机制

6.1 模型选择和构建

6.1.1 模型选择

为了分析不同生计资本对农户生计类型的影响和探究纯农户向农兼户、兼农户和非农户转型的路径和规律，本次研究采用二元逻辑回归和多元逻辑回归进行研究分析。

逻辑回归（logistic regression）是一种广泛应用于分类问题的统计分析方法，其作用是对分类变量与连续变量进行预测，通常用于估计因变量与一个或多个自变量之间的关系，属于概率型非线性回归。逻辑回归根据给定的自变量数据集来估计事件的发生概率，由于结果是一个概率，因此因变量的范围在 0～1 之间。在逻辑回归中，应用 Logit 变换，即用成功概率除以失败概率。这通常也称为对数概率，或概率的自然对数，该逻辑函数由以下公式来表示：

$$\text{Logit}(p_i) = 1/(1 + \exp(-p_i)) \qquad (6-1)$$

$$\ln(p_i/(1-p_i)) = B_0 + B_1 X_1 + \cdots + B_K X_K \qquad (6-2)$$

在这个逻辑回归方程中，Logit（p_i）是因变量或响应变量，X 是自变量。该模型中的 B（beta）参数或系数通常通过最大似然估计（MLE）方法进行估算，即通过多次迭代测试不同的 beta 值，从而优化对数概率的最佳拟合。所有这些迭代都会产生对数似然函数，逻辑回归会试图最大化该函数，从而找到最佳参数估计值。一旦找到了最佳系数，就可以计算、记录每个观测值的条件概率，并将它们相加在一起，得出预测概率。计算得出模型后，需要对模型的因变量预测情况进行评估，即进行拟合优度检验，Hosmer-Lemeshow 检验是评估模型拟合情况的流行方法。

逻辑回归模型在实际应用中具有以下优点：①简单有效。逻辑回归模型是一种线性模型，计算效率高，容易理解和解释。②输出概率值。逻辑回归模型输出的是样本属于某个类别的概率，可以进行概率性的预测和结果解释。③可解释性强。逻辑回归模型的参数可以解释为特征对结果的影响程度，有助于理解模型的行为。

然而，逻辑回归模型也存在一些局限性：①线性假设。逻辑回归模型基于线性假设，对于非线性关系的建模效果较差。②特征选择。逻辑回归模型对于特征的选择比较敏感，需要对特征进行筛选和优化。③高度相关特征。当输入特征存在高度相关性时，逻辑回归模型的性能可能会下降。

总的来说，逻辑回归模型是一种常用且有效的分类模型，适用于许多实际问题。结合本次研究的具体情况，并考虑特征选择、数据预处理、模型参数等因素，逻辑回归模型是十分合适的模型。

6.1.2　模型构建

（1）二元逻辑回归。

二元逻辑回归模型（binary logistic regression model）是逻辑回归的一种特殊形式，用于解决二分类问题。它通过建立一个逻辑函数，将输入特征与观测样本的二分类结果建立关系，并输出预测样本属于某一类的概率。二元逻辑回归模型的逻辑函数通常采用 Sigmoid 函数（也称为 Logistic 函数），其形式为

$$P(y=1 \mid x) = \frac{1}{1 + \exp(-z)} \qquad (6-3)$$

其中，$P(y=1 \mid x)$ 表示给定输入特征 x 时，预测样本属于类别 1 的概率；exp 是指数函数；z 是线性组合的结果，计算方法为 $z = b_0 + b_1 x_1 + b_2 x_2 + \cdots + b_n x_n$，其中 b_i 是模型的系数，x_i 是输入特征的值。

结合本次研究的实际情况，利用二元逻辑回归模型分析农户所拥有的不同生计资本对农户生计类型的影响，将生计类型作为因变量（Y），将农户所拥有的生计资本作为自变量（X）（赵文娟等，2016）。将某种生计类型赋值为 1，剩余的生计类型赋值为 0。例如，在构建纯农户这一生计类型的模型时，先将纯农户这一生计类型赋值为 1，再分别将剩下的兼农户、农兼户和非农户赋值为 0；若构建兼农户这一生计类型的模型，则将兼农户这一生计类型赋值为 1，再分别将剩下的纯农户、农兼户和非农户赋值为 0；以此类推，分别构建出纯农户、农兼户、兼农户和非农户的二元逻辑回归模型，具体公式如公式（6-4）、公式（6-5）、公式（6-6）和公式（6-7）所示（赵文娟等，2016）：

$$\ln\left(\frac{P_{y1}}{1 - P_{y1}}\right) = b_{10} + b_{11}x_1 + \cdots + b_{1m}x_i \qquad (6-4)$$

$$\ln\left(\frac{P_{y2}}{1 - P_{y2}}\right) = b_{20} + b_{21}x_1 + \cdots + b_{2m}x_i \qquad (6-5)$$

$$\ln\left(\frac{P_{y3}}{1 - P_{y3}}\right) = b_{30} + b_{31}x_1 + \cdots + b_{3m}x_i \qquad (6-6)$$

$$\ln\left(\frac{P_{y4}}{1 - P_{y4}}\right) = b_{40} + b_{41}x_1 + \cdots + b_{4m}x_i \qquad (6-7)$$

在（6-4）式中，若农户为纯农户，则定义 $P_{y1} = 1$，否则 $P_{y1} = 0$，x_i 为解释变量，b_{10}，b_{11}，$\cdots$，b_{1m} 为待估计系数；在（6-5）式中，若农户为农兼户，则定义 $P_{y2} = 1$，否则 $P_{y2} = 0$，x_i 为解释变量，b_{20}，b_{21}，$\cdots$，b_{2m} 为待估计系数；在（6-6）式中，若农户为兼农户，则定义 $P_{y3} = 1$，否则 $P_{y3} = 0$，x_i 为解释变量，b_{30}，b_{31}，$\cdots$，b_{3m} 为待估计系数；在（6-7）式中，若农户为非农户，则定义 $P_{y4} = 1$，否则 $P_{y4} = 0$，x_i 为解释变量，b_{40}，b_{41}，$\cdots$，b_{4m} 为待估计系数。通过二元回归模型可以分析不同生计资本对农户生计类型的影响，并深入研究这些生计资本与农户生计类型之间所存在的关系。

（2）多元逻辑回归。

多元逻辑回归模型（multinomial logistic regression model），也称多分类逻辑回归模型，是逻辑回归的一种扩展形式，通常用于解决具有多个离散类别的分类问题。多元逻辑回归模型采用 Softmax 函数来建立多个类别之间的关系，通过 Softmax 函数将线性组合的特征映射到每个类别的概率上，使得所有类别的概率之和等于1。

具体来说，对于一个具有 K 个类别的多元逻辑回归模型，假设有 $k = 1$，2，$\cdots$，k 个类别，线性组合的结果为：$z_k = b_{0k} + b_{1k}x_1 + b_{2k}x_2 + \cdots + b_{nk}x_n$，其中，$b_k$ 是模型的系数，x_i 是输入特征的值。然后，多元逻辑回归模型通过 Softmax 函数将线性组合的结果转换为概率值，计算每个类别的概率，其形式为：

$$P(y=k\,|\,x) = \frac{\exp(z_k)}{\exp(z_1) + \exp(z_2) + \cdots + \exp(z_k)} \quad (6-8)$$

其中，$P(y=k\,|\,x)$ 表示给定特征 x 时，预测样本属于类别 k 的概率。

综合多元逻辑回归的特性与实际条件，本研究利用多元回归模型来揭示在不同生计资本影响下，农户由纯农户向农兼户、兼农户和非农户转型的路径和规律，为国内的农户生计转型提供参考借鉴。在进行多元逻辑回归模型的构建时，先将因变量（Y）即纯农户、农兼户、兼农户和非农户四类农户生计类型分别赋值为 1、2、3、4，然后用纯农户这一生计类型作为参考组，由纯农户向其他生计类型转型的多元逻辑回归模型为公式（6－9）、公式（6－10）和公式（6－11）：

$$\ln\left(\frac{p_{y2}}{p_{y1}}\right) = b_{210} + b_{211}x_1 + \cdots + b_{21m}x_i \quad (6-9)$$

$$\ln\left(\frac{p_{y3}}{p_{y1}}\right) = b_{310} + b_{311}x_1 + \cdots + b_{31m}x_i \quad (6-10)$$

$$\ln\left(\frac{p_{y4}}{p_{y1}}\right) = b_{410} + b_{411}x_1 + \cdots + b_{41m}x_i \quad (6-11)$$

在模型中，根据农户的生计类型进行定义。如果农户类型为纯农户，则我们定义 $p_{y1}=1$；如果农户类型为农兼户，则我们定义 $p_{y2}=2$；如果农户类型为兼农户，则我们定义 $p_{y3}=3$；如果农户类型为非农户，则我们定义 $p_{y4}=4$。在公式中，x_i 为解释变量，b_{210}，b_{211}，$\cdots$，b_{21m} 等是待估计的系数，用于解释因变量在自变量变化一个单位时的变化情况。如果待估计系数大于 0，表示在其他变量保持不变的情况下，发生率会随着对应自变量的增加而增加；相反，如果待估计系数小于 0，则表示发生率会随着对应自变量的增加而减少。

6.2 矿粮复合区农户生计分析

6.2.1 农户生计类型

农户是农村社会的基本单位，也是构成农村经济的微观基础（陈厚基，1994），要对农户的生计类型进行研究，首先需要对农户生计的类型进行划分，即对农村居民依靠不同的经济活动维持生计的方式和形式进行分类。

清楚地界定和划分出不同的农户生计类型具有十分重要的意义。首先，可以有针对性地给农户提供培训和技术支持。不同类型的农户在技术、管理和市场方面的需求大相径庭，因此，针对性的培训和技术指导更具有效性。通过为不同类型农户提供有针对性的专业培训，可以帮助他们提高生产技术、管理能力和劳动技能，提高农业生产效率和产品质量，实现收入的不断增长。例如，对于传统农业型农户，可以鼓励其发展农产品加工和农村旅游等新兴产业，实现农业的升级和增值。而对于农村非农型农户，则可以提供相应的职业培训和创业支持，帮助他们更好地融入城市生活。其次，可以帮助政府和相关机构制定有效的农业政策和资源分配策略。不同生计类型的农户在生计目标、资源需求和发展路径上都存在差异，需要有针对性地提供支持和帮助。通过对农户生计类型的划分，政府和相关机构可以准确地了解不同群体的需求，有针对性地提供相应的政策和资源支持，有助于实现资源的合理配置和促进农户生计可持续发展。最后，可以推动农村产业发展规划和农业结构调整。通过了解不同类型农户的经济活动特点和发展潜力，可以有针对性地调整农业产业结构，优化资源配置，推动农村经济多元化发展。

　　在实际情况中，划分标准不同，划分结果也大相径庭。目前，学者们大多从农业收入的角度出发，将农户分为专业农户，也就是纯农户和兼业农户。纯农户顾名思义是指纯粹以从事农业生产依靠农业收入作为家庭收入的农户。兼业农户则是相对于纯农户而言，指有从事非农工作或者依靠经营农业以外的其他事业获得其他非农业收入的农户。以农户生计中非农业收入的多寡或者占家庭总收入的比例作为划分标准，兼业农户又可以细分为第一兼业农户、第二兼业农户和非农户。第一兼业农户是指家庭经营行业既有农业，又有非农业，但以农业经营收入作为家庭主要收入的兼业农户，即农兼户；第二兼业农户是指家庭经营行业既有农业，又有非农业，但以非农业经营收入为家庭主要收入的兼业农户，即兼农户；非农户是指家庭经营行业仅有非农行业的农户。

　　在前人有关农户类型划分的研究基础上，本研究结合所选研究区域中非农收入占农户家庭总收入比重的实际情况对农户生计类型进行划分：非农业收入占农户家庭总收入 20% 以下的为纯农户；非农业收入占农户家庭总收入 50% 以下的为农兼户；非农业收入占农户家庭总收入在 50%~90% 之间的为兼农户；非农业收入占农户家庭总收入 90% 以上的为非农户（赵文娟等，2016），见表 6-1。划分农户生计类型的目的是更好地了解不同类型农户的经济活动特点，以便有效制定政策和提供支持。

表 6-1　　　　　　　　　农户类型划分依据

农户类型	依据
纯农户	非农业收入占农户家庭总收入 20% 以下
农兼户	非农业收入占农户家庭总收入 50% 以下

农户类型	依据
兼农户	非农业收入占农户家庭总收入 50% ~ 90% 之间
非农户	非农业收入占农户家庭总收入 90% 以上

6.2.2　农户生计现状

农户在农村社会中扮演着重要的角色，是我们认识农民和农村社会的一把钥匙。农户是农民进行生产、生活和社会交往的基本组织单元，自古以来就具有重要的经济和社会功能。作为经济单位，农户通过农业生产提供粮食、农产品和其他农业副产品，满足人们的生活需求。农户还通过农产品的销售参与市场经济，与社会和市场进行联系和交流。同时，农户也是农民社会交往的基本单位。一方面，农户之间互助合作，在农忙时相互帮助，形成农村社会的亲戚关系、邻里关系和社团组织。另一方面，在农村社会结构中，不同的农户连接起来形成了各种社会组织。农户之间通过亲戚关系、邻里关系和经济利益的联结，形成了农村社区、村落组织、合作社等形式的组织，共同解决农村发展和生活问题。这些社会组织在农村社会起着基层治理、公共服务、民主决策等重要作用。每个农户在特定的经济、社会和自然环境条件下，根据自己的资源、技能和市场需求等因素，选择不同的经济活动和生计方式，这些经济活动和生计方式就反映了农户的生计类型。

农户生计类型随着农户发展环境的变化而不断改变。在漫长的封建社会，农户生计都是以农业生产为主，即使是农闲时的家庭手工副业也是以自给自足为主要目的，并不作为谋生的手段。在新中国成立后相当长的一段时期里，农户对土地与劳动力的使用依然没有充分的经营决策权，其就业领域依然长期局限于农业生产，纯农户是主要的生计类型。改革开放后，特别是从 1982 年开始连续五年的中央一号文件（即 1982 年中共中央批转 1981 年的《全国农村工作会议纪要》、1983 年的《关于当前农村经济政策的若干问题》、1984 年的《关于一九八四年农村工作的通知》、1985 年的《关于进一步活跃农村经济的十项政策》、1986 年的《关于一九八六年农村工作的部署》）都提倡和鼓励农户劳动力由单纯的农业生产领域向非农领域扩展，农户生计开始往兼业化方向发展。[①] 随着农户生计发展环境的不断改变，特别是实施推进农村市场化改革后，农户所拥有的土地、劳动力等各种生产要素参与到非农业生产领域所遇到的制度性障碍逐步被消除，尤其是随着城乡二元经济结构壁垒逐渐被打破，农户劳动力要素在城乡间、产业间流动性显著增强。然而，不同农户在教育水平、资金积累、市场参与能力等方面存在差异，导致劳动力的就业结构和收入结构差异很大。因此，农户的生计类型进一步向兼业化发展，并且演化出多样化的形式。

随着经济社会发展和城乡结构的变化，农户生计类型也在发生深刻变化。在农村劳动力转移和非农产业发展的推动下，越来越多的农户从传统的农业生产转向多元化的经济活动，拓宽了收入来源和发展机会。了解和分析农户生计类型的现状特征对于制定农村发展政策、改善农户生活质量具有重要意义。政府和决策者可以通过了解农户生计类型的特点和需求，提供相应的政策支持和发展机会，促进农村经济的多样化发展和农民生活水平的提高。同时，可通过加强农户之间的合作进一步提升农村社会的凝聚力和发展力量。

现阶段，随着广东省"百千万"工程建设的深入推进，城乡

---

① 《从"五个一号文件"到习近平同志"三农"思想——改革开放以来中国农村改革的历程与发展》，载于《四川党史》2019 年第 6 期。

融合不断发展，城乡生产要素双向交互流动不断强化。城市向农村输送技术、资金和市场等要素，促进农业现代化发展；而农村也向城市输送农产品、劳动力和生态资源，满足城市市场的需求。这种双向流动的交互促使城乡经济相互依存、资源互补，推动了城乡融合发展的良性循环。同时，城镇经济发展对调研区域中农户生计的影响日益增强。随着城镇化进程的加快，以及相关政策措施的推动，城镇经济对农村地区产业、就业和消费等方面产生了越来越大的辐射影响。农户生计逐渐向非农业领域转移，涌现出兼业农民、农业企业家和农村服务业从业者等新型农户，这使得农户生计多样化的趋势更加明显。

将日益多样化的农户生计加以整理分类，可以更好地了解不同类型农户的特点和需求。根据本次调研区域的实际情况，农户生计类型主要可分为四种类型（张军以等，2022），即纯农户、农兼户、兼农户和非农户。

（1）纯农户。

纯农户是指主要依靠农业生产和农业收入维持生活的家庭或个人，这一类农户主要从事种植、养殖、渔业等农业活动，以农产品的生产和销售为主要收入来源，其非农业收入占农户家庭总收入20%以下。目前，这种生计类型在所调研的农村地区已经失去主导地位，成为比较少见的生计类型。本研究调研的461户农户中，纯农户只有16户，所占据的比例仅为3%。调研区域中的纯农户数量如此少是多种因素共同作用的结果。首先，农业生产风险大、收入低，这是导致纯农户减少的主要原因之一。其次，当地县政府大力推动光伏产业的发展，需要大面积的土地用于安装光伏电池板用来发电。因此，调研区域中部分村落的土地已经由县政府统一流转给光伏产业经营者。这些村落中的农户已经失去自己土地的使用权，无法继续从事传统的农业生产，导致他们只能选择离开农村寻找其他工作机会，从而减少了纯农户的数量。此外，调研区域中有比较多的种植大户，很多农户选择将土地流转给种植大户，这可能导致其他小规模农户无法竞争，难以继续进行农业生产。由于缺乏足够的土地和资源，一些农户可能选择放弃农业生产，转向其他收入更稳定和更高的行业，导致纯农户数量减少。最后，农村劳动力人口流失和老龄化状况越发严重，缺乏足够的劳动力来从事农业生产，导致农业生产效率下降，纯农户减少。

以下是现阶段调研区域中纯农户所表现出的一些特征：

①主要收入来源是农业生产，收入相对有限。纯农户的主要收入来自农业生产活动，包括种植农作物、养殖家禽或从事畜牧业、渔业、林业生产等，经济活动主要集中在农田、养殖场和农业设施等农业资源上，相对于兼业农户和非农户，纯农户的经济收入通常较为有限。

②农作物种植和养殖方式多样化。纯农户可能种植多种作物，例如粮食作物、蔬菜、水果、经济作物等，以满足自家消费和市场需求。同时，他们也可能养殖各种家禽、牲畜或渔业产品，如鸡、猪、牛、鱼等。

③依赖农村资源和环境。纯农户的生产活动依赖于农村地区提供的土地、水资源等。他们需要善于利用农村资源，并根据当地的自然环境和气候条件，选择合适的农作物和养殖方式。以 ZT 镇为例，当地农户根据自身环境特点，大力发展黄烟、溪黄草等特色经济农作物，实行黄烟、溪黄草和水稻轮作。并且在平原地区主要种植黄烟、溪黄草和水稻的同时，还在山地地区发展柑橘、油茶种植等产业。

（2）农兼户。

农兼户是指既从事农业生产，又同时从事非农业活动的家庭或个人。他们既依靠农业生产获得收入，又通过其他非农业工作或业务来增加家庭收入，其非农业收入占农户家庭总收入的50%以下。这种生计类型在所调研的农村地区也比较少见，在所选研究区域的461户调研农户中，农兼户有20户，比例仅为4%，只比纯农户略高一点。农兼户数量如此少的原因与纯农户相似，一方面是受农业生产风险大，收入低且十分不稳定的影响，另一方面随着经济的发展和产业结构的变化，农村地区非农业就业机会增加，农户在农闲时也有机会从事一些非农工作，增加收入。

农兼户的典型特征如下：

①以农业生产为主，兼顾非农工作。农兼户还是将从事农业生产作为工作重心，但农业的季节性和农业生产外部环境的优化为农户进行非农工作创造了条件，使他们能在农闲时期到乡镇或市区进行短暂的非农就业。

②收入来源多元化。农兼户通过农业和非农业活动的双重收入来源，实现了家庭收入的多元化。这有助于减轻单一农业收入受自然灾害、市场波动等风险的影响，并提高了家庭的经济稳定性和抵御风险的能力。

（3）兼农户。

兼农户是指那些主要从事非农业工作或业务，同时也从事农业生产的家庭或个人。他们主要依靠非农业活动获得收入，但也利用闲暇时间参与农业活动，其非农业收入占农户家庭总收入的50%~90%。在本研究调查的461户农户中，兼农户有62户，比例为13%。这些兼农户的生计类型主要属于农工并举型，农户通过外出务工、打工经营等方式，融入城市化进程，同时保留或兼顾传统农业生产。由于所调研区域中大部分村落并不存在十分突出的自然环境资源与具有优势的资源禀赋，无法大力发展乡村旅游或其他特色产业。即使部分村落拥有某种矿产资源，但受到环境保护等政策的限制，也无法成为当地发展的支柱产业。农户生计又难以依靠有限的耕地资源从事农业生产以及其他涉农产业来维持，外出务工就成为当地农户的重要生计方式。当地农户外出务工后也不会放弃村里的土地，对农户来说，继续保持拥有土地是一种比较可靠的生活保障和有机会不断升值的财富。因此，农户会选择将土地交给家庭中的老人耕种或者无偿给亲戚朋友耕种，所生产的作物大多用于自给自足，对产量与质量并无太多要求。

兼农户的特征如下：

①以从事非农业工作为主，兼顾农业生产。兼农户一般拥有稳定的非农工作，他们将大部分时间和精力投入非农领域，并依赖非农收入来支撑家庭生活。尽管主要从事非农业工作，兼农户仍然通过参与农业活动来兼顾农业生产。他们会在周末等闲暇时间从事农业活动，以获得额外的收入或满足家庭的自给自足需求。

②经济多元化。通过兼顾农业和非农业工作，兼农户可以实现经济多元化。农业生产为他们提供农产品和副业收入，非农业工作为他们提供稳定的现金收入。这种多元化可以降低收入风险，提高经济稳定性。兼农户可以通过农村和城市之间的互动，在家庭收入方面得到更好的平衡和提升。

（4）非农户。

非农户是指不从事农业生产的家庭或个人，他们的主要收入来源为非农业领域的工作、业务或职业，其非农业收入占家庭总收入的90%以上。在本研究调查的461户农户中，非农户有363户，比例高达79%。这些非农户的谋生方式，除了传统的外出务工和进行非农业经营外，还出现了新的农业技术服务型生计方式。农户通过提供农业技术咨询、农业机械服务等农业技术服务为主的工作方式，为其他农户提供技术支持和服务，获取收入。例如，为农户提供农业机械设备，如拖拉机、联合收割机、喷洒器等，以及相应的机械操作服务，如驾驶农业机械帮助其他农户完成播种、收割等工作。这种生计类型在拥有较多种植养殖大户、农业专业户的村落中比较常见，这些农户往往生产规模比较大，有农业机械化生产的需求。此外，农村劳动力老龄化问题越来越严重也是促使这一生计类型不断发展的重要原因。

非农户的特征如下：

①主要从事非农业工作。非农户的主要收入来源是从事非农业工作，并且已经放弃从事农业生产。

②教育程度相对较高。相对于纯农户和兼业农户，非农户通常拥有较高的文化水平，并具备一定的专业知识和技术能力，能够适应不同职业的工作需求。

③就业范围广，收入相对比较稳定。非农户从事的职业范围广泛，包括各种行业和领域，并且不同于农业生产，非农工作受自然灾害的影响较小，收入比较稳定。

6.3　生计资本对生计转型的影响分析

6.3.1　生计资本对农户生计选择的影响

在自变量和因变量确定的基础上，采用软件 SPSS 26 对 461 个样本的农户生计策略选择的影响因素进行二元 Logistic 回归，回归结果如表 6 - 2 所示。

表 6 - 2　　　　不同农户生计策略选择的二元 Logistic 回归分析

解释变量	纯农型				农兼型			
	B	Std. Error	Wald	Exp（B）	B	Std. Error	Wald	Exp（B）
人力资本	- 11. 712 **	4. 657	6. 324	0. 000	- 4. 257	3. 268	1. 697	0. 014
自然资本	0. 329	0. 789	0. 173	1. 389	0. 953	0. 617	2. 389	2. 594
物质资本	- 4. 719	8. 542	0. 305	0. 009	7. 683 **	3. 781	4. 13	2171. 492
金融资本	1. 097	1. 203	0. 831	2. 994	0. 213	1. 11	0. 037	1. 237
社会资本	0. 718	0. 943	0. 579	2. 050	0. 441	0. 847	0. 27	1. 554
政策资本	- 5. 333	4. 356	1. 499	0. 005	3. 071	1. 98	2. 406	21. 571
文化资本	0. 256	1. 219	0. 044	1. 291	0. 578	1. 11	0. 271	1. 783
户主年龄	- 0. 041	0. 028	2. 180	0. 960	- 0. 009	0. 025	0. 139	0. 991
户主性别	- 0. 604	0. 74	0. 666	0. 547	- 0. 587	0. 685	0. 734	0. 556
户主婚姻状况	- 0. 902	0. 898	1. 009	0. 406	- 0. 219	1. 087	0. 041	0. 803
常量	2. 055	2. 305	0. 795	7. 806	- 2. 627	2. 238	1. 377	0. 072
HL 统计量	H-L Chi-suqare = 5. 519 （df = 8，Sig = 0. 701）				H-L Chi-suqare = 5. 718 （df = 8，Sig = 0. 679）			

解释变量	兼农型				非农型			
	B	Std. Error	Wald	Exp（B）	B	Std. Error	Wald	Exp（B）
人力资本	0. 702	1. 441	0. 237	2. 018	2. 151	1. 445	2. 218	8. 598
自然资本	0. 427	0. 527	0. 658	1. 533	- 0. 817 *	0. 473	2. 991	0. 442
物质资本	- 0. 291	3. 279	0. 008	0. 747	- 4. 352 *	2. 421	3. 232	0. 013
金融资本	- 1. 753 ***	0. 602	8. 489	0. 173	1. 148 **	0. 511	5. 048	3. 152
社会资本	0. 755	0. 496	2. 32	2. 128	- 0. 706 *	0. 414	2. 913	0. 493
政策资本	1. 72	1. 505	1. 306	5. 583	- 1. 718	1. 318	1. 699	0. 179
文化资本	0. 107	0. 668	0. 026	1. 113	- 0. 232	0. 549	0. 178	0. 793
户主年龄	- 0. 015	0. 014	1. 134	0. 985	0. 016	0. 012	1. 803	1. 016
户主性别	- 0. 145	0. 495	0. 086	0. 865	0. 4	0. 382	1. 098	1. 492
户主婚姻状况	0. 85	0. 769	1. 22	2. 339	- 0. 145	0. 531	0. 074	0. 865
常量	- 1. 147	1. 315	0. 76	0. 318	- 0. 159	1. 063	0. 022	0. 853
HL 统计量	H-L Chi-suqare = 4. 239 （df = 8，Sig = 0. 835）				H-L Chi-suqare = 9. 112 （df = 8，Sig = 0. 333）			

注：* 、 ** 和 *** 分别表示在10% 、5% 和1% 的显著性水平上显著。

从模型拟合优度检验来看（如表 6-2 所示），纯农型、农兼型、兼农型、非农型农户的二元回归模型中，霍斯默－莱梅肖（Homsmer-Lemeshow）检验的 Chi-suqare 值分别为 5.519、5.718、4.239、9.112，自由度 df 为 8，显著性水平分别为 0.701、0.679、0.835、0.333（均大于 0.05），与相应的临界值相比，模型均通过检验，即表明事实数据情况与模型拟合结果保持一致，这四个模型的整体拟合情况良好，各解释变量在总体水平上对被解释变量具有显著的影响。

由表 6-2 可知，农户的人力资本在 5% 的显著性水平上负向影响着农户选择纯农型生计策略，表明农户拥有的人力资本越丰富，其成为纯农型农户的可能性越低；对农兼型而言，物质资本在 5% 的显著性水平上对农户选择农兼型生计策略发挥正向作用，表明拥有较多物质资本的农户往往更倾向于选择农兼型生计策略；对兼农型而言，金融资本在 1% 的显著性水平上对农户选择兼农型生计策略产生负向影响，表明拥有较多金融资本的农户选择兼农型生计策略的可能性越低；对非农型而言，自然资本、物质资本、社会资本均在 10% 的显著性水平上对农户选择非农型生计策略发挥负向作用，而金融资本则在 5% 的水平上显著正向影响农户选择非农型生计策略，表明拥有越多自然资本、物质资本、社会资本的农户倾向选择非农型生计策略的可能性越小，拥有越多金融资本的农户倾向选择非农型生计策略的可能性越大。

究其原因，农户拥有丰富的人力资本，意味着他们可能具有较高的教育水平、技能和经验。这使得他们在社会经济中具备更广阔的选择和更大的灵活性。拥有高度教育和技能的农户在非农领域有更多的就业机会，可以选择在城市就业、从事技术或专业职业。此外，他们还可以充分利用自己的技能和知识，选择创业和开拓新兴产业，实现个人和家庭的经济增长。因此，拥有丰富人力资本的农户具有较高的就业和创业机会，同时他们能够更好地适应市场和技术的变化。这使他们更倾向于选择除纯农型以外的多元化的生计策略，以更好地实现经济和社会发展。人力资本的充足对于农户的生计选择和经济增长具有重要的意义。

一般而言，农户拥有较多的物质资本和社会资本，例如农具和设施，或者有在村委工作的亲人，可以更有效地从事农业生产。拥有这些资本能够提高农户的农业产出和效率，从而增加农业收入。然而，完全依赖农业可能存在风险，因为农业受季节、气候和市场波动等因素影响。所以，拥有丰富物质资本和社会资本的农户倾向于选择农业生产，在农业基础上寻求其他收入来源，分散风险；拥有较多金融资本的农户可以更容易地获得贷款和融资，进一步发展非农产业，因此更倾向于选择非农型生计策略。他们可以利用资金扩大企业规模、引入新技术和拓展市场，从而提高非农业产业的竞争力和盈利能力。

随着农户自然资本的增加，农户往往更不倾向于选择非农型生计策略，自然资本的丰富意味着拥有大片肥沃的土地或丰富的水资源，这为他们提供了从事农业生产的优势条件。农户可以依靠自然资源进行农业生产，从而获得稳定的农业收入。他们通常会利用拥有的自然资本，耕种农田，养殖家畜，或者种植果树等，从中获得农产品。这些农产品可以用于自给自足，也可以出售给市场，从而获得收入。因此，自然资本的充足为农户提供了主要的经济来源，使他们更倾向于选择农业生产来维持主要的生计。拥有丰富自然资本的农户也可以选择雇用劳动力来共同从事农业生产。这样可以提高农业产出和效率，从而进一步增加收入。在农业生产的基础上，农户还可以从事一些与农业相关的产业，例如农产品加工、农业服务、农村旅游等，以进一步促进生计水平的提高。

综合来看，农户生计策略的选择是一个复杂的决策过程，受多种因素影响。其中最重要的是农户现有的生计水平，它在很大程度上决定了农户是否选择继续从事农业生产或尝试其他增收途径。农户会根据自身的资源、能力和市场情况做出灵活的选择，以实现更好的生计和经济发展。

6.3.2 生计资本对农户生计转型的影响

将纯农型、农兼型、兼农型、非农型四种生计策略作为因变量，以纯农型为参考类别，七类生计资本的具体指标作为自变量，农户户主特征作为控制变量，建立多元 Logistic 回归模型，其最终的整体拟合信息如表 6 - 3 所示，其中 - 2 倍对数似然比检验、卡方值 131. 168、显著性检验 0. 002（小于 0. 05），说明模型具有较高的拟合度，模型成立。

表 6 - 3　　　　多项式 Logistic 回归模型的整体拟合信息

模型	模型拟合条件		似然比检验	
	- 2 对数似然	卡方	自由度	显著性
仅截距	655. 34			
最终	524. 172	131. 168	87	0. 002

表 6 - 4、表 6 - 5、表 6 - 6 是上述模型的回归结果。人力资本方面，文化水平显著地促进农户家庭由纯农型生计策略向农兼型、兼农型、非农型生计策略转变，回归系数依次为 1. 352、1. 684、1. 334；自然资本方面，农户耕地面积在 10%、1% 的显著性水平上对农户选择兼农型、非农型生计策略发挥负向作用，回归系数分别为 - 0. 017、- 0. 020，农户拥有的园地、鱼塘等面积在 1% 的显著性水平上对农户选择非农型生计策略发挥负向作用，回归系数

为 -0.001；物质资本方面，牲畜数量均在10%的显著性水平上促进农户家庭由纯农型生计策略向农兼型、兼农型生计策略转变，回归系数依次为0.318、0.295，住房情况在10%、5%的显著性水平上对农户选择农兼型、非农型生计策略发挥正向作用，回归系数分别为6.064、5.548；金融资本方面，现金援助机会均在10%的显著性水平上对农户选择兼农型、非农型生计策略发挥负向作用，回归系数分别为 -2.062、-1.965；社会资本方面，社交参与度在10%的显著性水平上阻碍农户家庭由纯农型向农兼型生计策略转变，回归系数为 -2.687；政策资本方面，政策补贴、政策关注度在10%、5%的显著性水平上促进了农户家庭由纯农型生计策略向农兼型生计策略转变，回归系数分别为0.001、3.999，政策满意度在5%的显著性水平上阻碍农户家庭由纯农型向农兼型生计策略转变，回归系数为 -7.664。

表6-4 农户生计资本指标与生计策略选择的
多元 Logistic 回归分析——农兼户

解释变量	B	Std. Error	Wald	Sig	Exp（B）
截距	-2.509	5.444	0.212	0.645	—
劳动力规模（H_1）	-0.682	0.561	1.479	0.224	0.505
文化水平（H_2）	1.352	0.581	5.412	0.020 **	3.866
身体健康状况（H_3）	0.283	0.427	0.440	0.507	1.327
家庭成员职业技能（H_4）	0.111	0.173	0.409	0.523	1.117
农户耕地面积（N_1）	-0.016	0.011	2.058	0.151	0.984
农户林地面积（N_2）	0.045	0.05	0.798	0.372	1.046
拥有的园地、鱼塘等面积（N_3）	-0.252	0.207	1.489	0.222	0.777
牲畜数量（P_1）	0.318	0.178	3.183	0.074 *	1.374
住房面积（P_2）	0.029	0.383	0.006	0.939	1.030

续表

解释变量	B	Std. Error	Wald	Sig	Exp（B）
住房情况（P_3）	6.064	3.329	3.318	0.069 *	430.222
家庭耐用品数量（P_4）	-0.152	0.139	1.201	0.273	0.859
交通工具（P_5）	-0.465	0.511	0.827	0.363	0.628
家庭总收入（F_1）	0.875	1.393	0.395	0.53	2.399
现金信贷机会（F_2）	1.077	1.025	1.103	0.294	2.935
现金援助机会（F_3）	1.163	1.347	0.746	0.388	3.200
家庭或亲戚中政府工作人员（S_1）	0.327	0.917	0.127	0.722	1.387
村社组织参与度（S_2）	-2.687	1.428	3.543	0.06 *	0.068
可求助户数（S_3）	0.090	0.166	0.294	0.588	1.094
技术帮助（S_4）	0.391	0.390	1.008	0.315	1.479
政策补贴（G_1）	0.001	0.001	2.876	0.090 *	1.001
政策关注度（G_2）	3.999	1.993	4.026	0.045 **	54.569
政策满意度（G_3）	-7.664	3.325	5.314	0.021 **	0.000
文化认知度（C_1）	-0.819	2.092	0.153	0.696	0.441
文化运用度（C_2）	1.390	2.033	0.467	0.494	4.014
户主年龄	0.011	0.045	0.064	0.800	1.011
户主性别	-0.063	1.177	0.003	0.957	0.939
户主婚姻状况	-2.824	2.46	1.318	0.251	0.059

注：* 、** 和 *** 分别表示在 10%、5% 和 1% 的显著性水平上显著；参考类别：纯农型。

表 6-5　　　　农户生计资本指标与生计策略选择的

多元 Logistic 回归分析——兼农户

解释变量	B	Std. Error	Wald	Sig	Exp（B）
截距	-1.785	4.765	0.140	0.708	—
劳动力规模（H_1）	-0.399	0.487	0.671	0.413	0.671
文化水平（H_2）	1.684	0.499	11.37	0.001 ***	5.386
身体健康状况（H_3）	-0.026	0.381	0.004	0.947	0.975
家庭成员职业技能（H_4）	0.071	0.152	0.218	0.640	1.073

续表

解释变量	B	Std. Error	Wald	Sig	Exp（B）
农户耕地面积（N_1）	-0.017	0.009	3.706	0.054*	0.983
农户林地面积（N_2）	0.025	0.050	0.244	0.621	1.025
拥有的园地、鱼塘等面积（N_3）	-0.150	0.097	2.361	0.124	0.861
牲畜数量（P_1）	0.295	0.178	2.754	0.097*	1.343
住房面积（P_2）	-0.462	0.315	2.147	0.143	0.630
住房情况（P_3）	4.454	2.848	2.445	0.118	85.944
家庭耐用品数量（P_4）	-0.124	0.121	1.052	0.305	0.884
交通工具（P_5）	0.122	0.415	0.087	0.768	1.130
家庭总收入（F_1）	0.438	1.179	0.138	0.710	1.549
现金信贷机会（F_2）	-0.840	0.840	1.001	0.317	2.317
现金援助机会（F_3）	-2.062	1.120	3.392	0.066*	7.865
家庭或亲戚中政府工作人员（S_1）	-0.848	0.797	1.132	0.287	2.336
村社组织参与度（S_2）	-1.006	1.178	0.729	0.393	0.366
可求助户数（S_3）	0.064	0.142	0.202	0.653	1.066
技术帮助（S_4）	0.388	0.364	1.135	0.287	1.474
政策补贴（G_1）	0.001	0.001	2.559	0.110	1.001
政策关注度（G_2）	1.446	1.698	0.725	0.394	4.247
政策满意度（G_3）	-4.875	2.967	2.699	0.100	0.008
文化认知度（C_1）	-2.32	1.732	1.795	0.18	0.098
文化运用度（C_2）	1.508	1.705	0.781	0.377	4.515
户主年龄	0.027	0.038	0.529	0.467	1.028
户主性别	-0.430	1.049	0.168	0.682	0.651
户主婚姻状况	-2.673	2.243	1.420	0.233	0.069

注：*、**和***分别表示在10%、5%和1%的显著性水平上显著；参考类别：纯农型。

表 6－6　　　　农户生计资本指标与生计策略选择的
多元 Logistic 回归分析——非农户

解释变量	B	Std. Error	Wald	Sig	Exp（B）
截距	－0.376	4.432	0.007	0.932	—
劳动力规模（H_1）	－0.367	0.467	0.616	0.433	0.693
文化水平（H_2）	1.334	0.473	7.965	0.005 ***	3.798
身体健康状况（H_3）	0.067	0.364	0.034	0.855	1.069
家庭成员职业技能（H_4）	0.111	0.145	0.585	0.444	1.117
农户耕地面积（N_1）	－0.020	0.007	6.916	0.009 ***	0.981
农户林地面积（N_2）	0.026	0.049	0.278	0.598	1.026
拥有的园地、鱼塘等面积（N_3）	－0.362	0.114	10.135	0.001 ***	0.696
牲畜数量（P_1）	0.257	0.176	2.142	0.143	1.293
住房面积（P_2）	－0.378	0.298	1.605	0.205	0.685
住房情况（P_3）	5.548	2.703	4.214	0.040 **	256.852
家庭耐用品数量（P_4）	－0.096	0.115	0.695	0.405	0.908
交通工具（P_5）	0.044	0.389	0.013	0.910	1.045
家庭总收入（F_1）	1.669	1.088	2.351	0.125	5.305
现金信贷机会（F_2）	－0.470	0.792	0.351	0.553	1.599
现金援助机会（F_3）	－1.965	1.077	3.328	0.068 *	7.137
家庭或亲戚中政府工作人员（S_1）	－1.203	0.731	2.705	0.100	3.33
村社组织参与度（S_2）	－1.143	1.100	1.081	0.299	0.319
可求助户数（S_3）	0.033	0.135	0.059	0.807	1.033
技术帮助（S_4）	0.393	0.356	1.219	0.270	1.481
政策补贴（G_1）	0.001	0.001	2.695	0.101	1.001
政策关注度（G_2）	0.265	1.592	0.028	0.868	1.303
政策满意度（G_3）	－4.605	2.836	2.636	0.104	0.010
文化认知度（C_1）	－1.692	1.638	1.068	0.301	0.184
文化运用度（C_2）	0.979	1.604	0.373	0.541	2.663

续表

解释变量	B	Std. Error	Wald	Sig	Exp（B）
户主年龄	0.031	0.035	0.794	0.373	1.032
户主性别	−0.838	0.949	0.779	0.378	0.433
户主婚姻状况	−2.973	1.856	2.568	0.109	0.051

注：*、**和***分别表示在10%、5%和1%的显著性水平上显著；参考类别：纯农型。

综合考虑计量结果和实际调研情况，不难看出生计资本对不同生计类型的农户产生了推力和阻力作用。

（1）农户生计转型推力分析。

从纯农型向农兼型转型的推力分析可知，文化水平、牲畜数量、住房情况、政策补贴、政策关注度这五项生计指标对农户生计转型起到了推动作用。结合实地调研数据分析发现，纯农户与农兼户之间存在明显差异。农兼户的文化水平更高，社会参与较为频繁，拥有更多的社会交往机会。这样的特点使得农兼户在市场观念上更加开放与敏锐，他们更容易接触和适应市场变化，有利于发展新的农业经营模式。由于农兼户拥有相对更多的社会交往机会和更广泛的社交网络，他们更容易了解到乡村振兴政策和资源，并能够更好地获取政策关注度和政策补贴。这使得农兼户在乡村振兴战略的落实中受益更多，从而在住房条件和生计保障方面表现较好。综合来看，文化水平、牲畜数量、住房情况、政策补贴和政策关注度这些指标相互作用，推动了农户从纯农型向农兼型的转型。

从纯农型向兼农型转型的推力分析可知，牲畜数量对农户生计转型起到了推动作用。农户从纯农型向兼农型转型的过程中，需要具备更强的家庭综合劳动能力和物质资本的多元化，以确保他们在不脱离农业生产的同时能够将重心放在非农产业上。牲畜数量在此过程中起到关键推动作用。农户拥有更多的牲畜，意味着他们在农业生产方面可能具有更高的产出和收益。这样的经济支持使得农户在尝试兼农型经营时有更多的资本和信心，能够更轻松地投入时间和精力于非农产业，从而获得更多的收入。政府和相关机构应该在乡村振兴战略中重视农户的物质资本积累，为他们提供更好的牲畜养殖支持和发展机会，助力推动农户的兼农型转型和农业生产效益的提升。

从纯农型向非农型转型的推力分析可知，文化水平、住房情况这两项生计指标对农户生计转型起到推动作用。经过实地调研发现，乡村非农户的生计形成主要受生计环境变化的影响，比如矿粮的开采污染导致土地资源的流失，农户被迫选择非农型生计策略，而并非仅仅由生计资本数量和结构变化所决定。非农户由于投身非农产业，工作和居住的空间分离，导致交通成本和生活成本的增加，使得他们的消费支出也相应提高。虽然非农户的总体收入较高，但这些额外的开支对于他们的家庭经济负担会产生一定压力。因此，非农户更加依赖人力资本和物质资本的积累来助推家庭的生计和未来发展。

（2）农户生计转型阻力分析。

从纯农型向农兼型转型的阻力分析可知，村社组织参与度、政策满意度这两项生计指标对农户生计转型起到了阻碍的作用。纯农型农户相较兼农型农户的村社组织参与度与政策满意度方面表现更高。参与的村社组织主要集中在村集体经济合作组织、村民自治组织、生产小组等，其中村集体经济合作组织和生产小组属于农业生产组织。说明纯农型农户更多地从事传统农业生产，因此对村集体经济合作组织和生产小组等农业生产组织的参与度较高，由于兼农型农户更多涉足非农产业，他们在村社组织中的参与度较低。政府对乡村振兴发展的政策补贴和关注度，更多地聚焦于传统农业生产领域，这使得纯农型农户在政策满意度方面表现较好。

从纯农型向兼农型、非农型转型的阻力分析可知，农户拥有的耕地面积，园地、鱼塘等面积，现金援助机会这三项生计指标对农户生计转型起阻碍作用。在传统农村经济中，农户通常依赖自有的土地进行农业生产，土地面积包括耕地面积，园地、鱼塘等面积。当土地面积较多时，将限制他们进行多样化农业经营的可能性。如果面积较小，农户可能难以进行规模化的农业生产，而面临收入受限的问题。因此，农户在考虑从纯农型向兼农型、非农型转型时，需要面对耕地面积，园地、鱼塘等面积对多样化经营的影响。另外，调研分析发现，纯农型农户通常对传统农业生产具有较高的熟悉度和经验，他们已经在农业生产领域积累了一定的知识和技能。转变生计方式涉及学习新的技能和知识。面临不确定性和风险，对纯农型农户而言可能是一个较为陌生和具有挑战性的过程。在现金援助充足的情况下，纯农型农户可能更倾向于继续依赖传统的农业生产，因为这是他们熟悉和擅长的领域，也更容易获得稳定的收益。因此耕地面积，农户拥有的园地、鱼塘等面积和现金援助成为纯农型农户向兼农型农户转型的重要阻力。

6.3.3　研究结论

农户作为农业生产的主体，其生计转型成为推动现代农业发展的重要环节。因此，深入研究农户生计转型的影响因素变得至关重要。随着乡村振兴战略的发展，农户生计资本的积累和现状都发生了变化，影响着农户生计策略的选择。本研究通过二元和多元 Logistic 模型，从乡村振兴背景下农户生计选择和生计转型两个角度，对不同生计策略的农户生计转型的影响因素进行分析研究。韶关市矿粮复合区 461 户农户的生计调研显示，从生计选择上看，人力资本对农户选择纯农型生计策略有显著影响；自然资本、物质资本、金融资本和社会资本对农户选择非农型生计策略有显著影响。从生计转型上看，农户的生计转型通常会经历一系列渐进性的阶段，从纯农型、农兼型、兼农型到最终成为非农型农户。在这个过程中，农户逐步增加非农业活动，人力资本、物质资本、社会资本、政策资本对农户生计转型的正向影响也逐步增强，而自然资本则对农户生计转型的影响呈负向作用。

根据生计资本对农户生计转型的影响分析结果我们可以得出以下结论：首先，在纯农户向农兼户转型的过程中，文化水平、牲畜数量、住房情况、政策补贴和政策关注度都是促进因素，但政策满意度是阻碍因素。其次，在纯农户向兼农户转型的过程中，文化水平、农户耕地面积和牲畜数量是促进因素，但现金援助机会是阻碍因素。最后，在纯农户向非农户转型的过程中，文化水平和住房情况是促进因素，但农户耕地面积、农户园地和鱼塘面积以及现金援助机会则是阻碍因素。

这些分析结果表明，农户生计转型的过程受多个方面因素的影响。文化水平的提升是重要的促进因素，它可以提高农户的知识水平和适应能力。此外，牲畜数量、住房情况等生计资本的增加有利于农户采取多元化生计；政府的政策补贴和关注度也起到了积极的推动作用，可以为农户提供更多的支持和发展机会。然而，分析结果也指出存在一些阻碍因素：政策满意度和现金援助机会不足会限制农户的转型动力和意愿。此外，农户拥有土地面积的大小也会对转型产生阻碍。

6.4　乡村振兴背景下农户生计转型路径

6.4.1　乡村振兴与农户生计转型的关系

乡村振兴战略是在以习近平同志为核心的新一届中央领导集体的领导下，遵循习近平新时代中国特色社会主义思想的指引，在中国特色社会主义进入新时代并启动全面建设社会主义现代化国家的新征程中，针对新时代的农业农村问题而制定的一项重大战略举措。该战略旨在加快推进农业农村现代化步伐，全面促进农村经济、社会和生态环境的发展，实现乡村全面振兴，促使我国从农业大国转变为农业强国。该战略的目标是通过一系列政策和措施，推动农业现代化、农村产业化、农民市民化，提高农民生活水平，促进城乡融合发展。其核心思想是以人为本、创新驱动、绿色发展、协调推进。强调农村发展要以满足农民需求、增加农民收入、改善农民生活为出发点，注重发挥市场机制和科技创新的作用，推动农业可持续发展和乡村产业升级，重视生态环境保护和农村基础设施建设，实现农业农村现代化。乡村振兴战略的实施对于促进农村经济发展、改善农民生活条件、推动城乡融合发展具有重要意义。

农户生计转型是指农民家庭通过改变传统农业生产模式，寻求新的经济来源和发展路径，提高农户生活质量和经济收入的过程。乡村振兴与农户生计转型有着密切的关系。首先，乡村振兴战略的实施为农村地区提供了更多的发展机遇。通过加强基础设施建设、推动农业现代化、促进农村电商和农村金融不断发展完善等手段，乡村振兴为农户提供了更多的发展空间和机会。这为农户寻求转型和发展非农产业创造了条件。其次，乡村振兴战略的实施促进了农户多元化经营。乡村振兴强调农村经济的多元化发展，鼓励农户进行多产业、复合经营。通过培育新型农业经营主体、推进土地制度改革、加强农村金融支持等措施，农户可以更灵活地选择和开展不同类型的经营活动，从而实现生计的多元化。再次，乡村振兴能够提高农户的收入水平和生活质量。通过推动农业供给侧结构性改革、优化农产品营销渠道等，乡村振兴可以为农户创造更多的经济机会，提高他们的收入水平。这也为农户更好地实现生计转型打下了经济基础。最后，乡村振兴强化了农民的主体地位。乡村振兴战略以农民为核心，重视农民的主体地位和发展需求，强调农村发展要以满足农民需求、增加农民收入、改善农民生活为出发点。通过推动农村土地制度改革、促进农民参与决策、加强农民职业培训等，乡村振兴为农户提供了更多参与和发展的机会，增强了他们实现生计转型的能力和动力。同时，农户生计转型也是乡村振兴的重要目标和动力，通过农户的转型和发展，可以推动农村地区的经济多元化和社会进步。

6.4.2 农户生计转型的路径

通过分析农户转型的促进因素与阻碍因素以及调研地区的实际情况，可以提炼出影响农户生计转型的一些共性因素，包括文化水平、政府政策和现金援助机会等。由此可以归纳出在乡村振兴背景下，农户生计转型的路径包括以下几个方面。

（1）多元化发展。

多元化发展是指农户在生计转型过程中，通过开展不同的经济活动和拓展多个收入来源，以降低风险、增加收入和提高生计的可持续性。在农户生计转型过程中，多元化发展是一个重要的路径。

多元化发展有助于农户降低风险和增加收入。一方面，在进行生计转型时，农户需要注意风险管理，避免过度依赖单一农产品或市场。通过采取多元化种植策略，农户可以在一定程度上规避自然灾害风险，同时降低市场风险。另一方面，农户还可以通过发展农业产业化、农村旅游、农产品加工、农村电商等多种方式，获得更稳定和丰富的收入来源。因此，多元化发展在农户生计转型中具有重要意义。农户应该积极探索不同领域的机会，发展多样化的农业产业和服务，以实现收入多元化和风险分散。这将帮助农户建立更加稳定和可持续的经济收入结构，提升生计改善的机会和潜力。

（2）重视教育培训，提供教育支持。

重视教育培训并提供相应的教育支持是实现农户生计转型的关键因素。在纯农户向农兼户、兼农户和非农户转型的过程中，文化水平均属于促进因素，凸显了其对农户生计转型的推动作用。文化水平较高的农户通常更具有开放的意识与积极的心态。他们更能够接受新的观念和变革，愿意主动追求知识和学习，从而为生计转型提供源源不断的动力。与此相对，文化水平较低的农户可能更保守且不易接受新事物，对生计转型持观望态度，因此在转型过程中可能面临更大的阻力。此外，文化水平较高的农户通常拥有更广阔的社交和人际关系网络。他们有更多的机会参与农业领域的交流活动、研讨会和培训课程，从而扩展自己的人脉资源。这些社交关系可以为他们提供更多的合作机会，促进技术和信息的分享，有利于转型过程中的互动与合作。与此相对，文化水平较低的农户可能面临社交网络较为有限的局限，导致缺乏信息和资源的获取渠道，转型过程中的合作机会受限。通过教育培训，农户可以获得更广泛的知识和技能，不断提升自身的文化水平和综合素质，为应对转型所带来的新挑战和机遇做好准备。此外，文化水平的提升也能够促进农户创新意识和经营管理能力的提高，增加转型的成功率。因此，为农户提供教育支持，提升农户文化水平，对于推动农户生计转型具有重要的意义。政府和相关机构应加强教育投入，提供多样化的培训和教育机会，帮助农户提升文化水平，从而实现更好的生计转型和可持续发展。

（3）拓展融资渠道，提供资金支持。

农户生计转型通常需要一定的资金投入，资金支持对农户生计转型至关重要。首先，资金支持可以用于购买先进设备、引进科技成果、开展技术培训，帮助农户实现技术改造和升级，提升农业生产水平，提高生产效率和产品质量。其次，资金支持可以用于改善农村基础设施，提供良好的生产和生活环境，为农户的转型发展提供有力支撑。再次，资金支持可以用于农户开展市场调研、制订推广计划、进行品牌推广和市场营销等活动，这些投入可以帮助农户开拓新市场、建立销售渠道、增加产品知名度和竞争力，实现良好的销售收入。最后，农户生计转型过程中会面临一定的市场和经营风险，资金支持可以用于建立风险管理体系，例如农业保险、风险补偿基金等，为农户提供保障，减轻风险带来的经济压力。因此，资金支持对农户生计转型具有重要意义。政府和金融机构可以通过提供贷款、补贴、扶持资金等方式，多渠道帮助农户融资和提供现金支援，促进农户生计转型的顺利进行。但在提供资金政策特别是现金援助时，需要关注现金援助机会的合理运用。现金援助在一定程度上可以帮助农户渡过转型过程中的困难和压力，但过度依赖现金援助可能会削弱农户的自我发展能力。因此，在提供现金援助的同时，还应注重提供技术培训和市场导向的支持，帮助农户逐渐建立起自我发展和可持续经营的能力。同时，农户也需要根据自身实际情况，合理利用资金支持，实现经济效益和可持续发展。

（4）坚持因地制宜，精准提供政策支持。

农户生计转型离不开政策支持，政府需要提供相关的政策和扶持措施，为农户的生计转型提供支持和保障。首先，政策支持可以为农户提供明确的转型方向和目标。通过制定相关政策，政府可以明确提出农业结构调整、农产品加工、农村产业发展等转型方向，引导农户朝着更具竞争力和可持续发展的方向转型。其次，政策支持可以通过资金投入为农户提供必要的资金支持。政府可以设立专项资金，提供补贴、贷款、奖励等形式的资金支持，帮助农户购买设备、改进生产技术、开展市场推广等，促进农户转型成功。再次，政策支持下政府可以推动相关技术创新和推广，通过加强与科研机构和专业组织的合作，为农户提供先进的技术支持，使其能够适应转型所需的新技术和管理方法。例如，合作建立农业技术示范站、农民学校和创业孵化基地等实体平台，为农户提供技术指导和进行知识传授，帮助农户提升技能和知识水平。此外，政策支持可以通过建立健全市场机制，促进农产品的销售和市场开拓。政府可以推动市场体系建设，加强市场信息的收集和发布，提供市场准入和推广支持，为农户提供更公平、透明的竞争环境和更广阔的市场空间。最后，政策支持可以加强社会保障体系，为农户转型过程中的风险提供保障。政府可以建立农业保险制度，提供灾害救助和风险补偿，降低农户在转型过程中的风险。总之，政策支持为农户生计转型提供了重要的条件和保障，可以有效激发农户的积极性和创造力。为了更好地支持农户生计转型，政府需要制定科学合理的政策，加大政策宣传和解读力度，提高政策的针对性和适应性，确保政策的有效实施和落地。与此同时，政府还需要与各相关部门和社会组织加强合作，形成政策支持和服务的良好机制，为农户提供持续稳定的支持和优惠政策，打造良好的转型环境和机制，共同推动农户生计转型的可持续发展。

第7章 农户生计转型的 生态效应研究

7.1 生态效应评价方法选择

党的二十大报告中指出,"中国式现代化是人与自然和谐共生的现代化",明确了我国新时代生态文明建设的基本方向,即坚持绿水青山就是金山银山的理念,走人与自然和谐共生的绿色发展道路。然而,现阶段我国生态环境问题依然比较突出,人与自然之间的关系比较紧张,其突出表现集中在农村地区。在复杂的人与自然的关系中,生计作为人类最主要的行为方式,通过向自然界获取维持生计所需要的生产资料和消费资料而将压力作用于环境,成为影响生态环境变化的主要因素。

在农村地区,农户作为最主要的社会经济活动主体和最基本的决策单位,其生计方式决定了当地自然资源的利用方式和利用效率,进而影响着当地的生态环境状态(张芳芳等,2015)。近年来,随着乡村振兴战略的深入推进以及城乡融合发展的不断深化,农村地区经济社会越来越具有发展活力,促使农户纷纷进行生计转型。广大农村地区特别是近郊地区的农村,其生计方式基本实现由纯农户向农兼户、兼农户和非农户的转型。同时,由于农户生计与生态环境的关系具有系统性、复杂性的特点，农户生计的演变在很大程度上影响着农村地区生态环境的演变方向。因此，有必要从农户生计转型视角，系统分析农户生态转型的生态效应，采取有效措施解决农村地区的生态环境问题。

目前，从生计分析视角研究生态环境保护问题受到学者们的广泛关注。国内外学者对农户生计变化与生态系统演变（Kates et al.，2001）、农户生计与生态补偿效应（赵雪雁等，2013）、生计资源配置与生态环境保护（罗康隆等，2011）等问题进行了大量研究，并且取得了较为丰富的研究成果。例如，贾国平等（2016）通过对红寺堡区的研究发现，随着农户生计非农化和多样化趋势不断增强，农户对耕地、草地、林地资源的依赖性降低，而对水域、化石能源用地、建筑用地的依赖程度不断增加，家庭生产和消费方式向环境友好型转变。叶文丽等（2023）也指出，农户生计与生态环境之间的关系是动态的，两者相互影响；在农户生计非农化转型过程中，生态环境退化度会慢慢降低，生态环境质量将获得明显提高。

现阶段，对农户生计生态效应的研究主要通过生态足迹理论、压力—状态—响应模型（PSR 模型）、系统学角度构建生态效应指标分析框架等方法来衡量农户生计转型的生态效应。贾国平和朱志玲等（2016）运用参与式农村评估法与生态足迹法，利用典型村入户调查数据，从农户生计的策略变迁及其生态效应出发，探究农户生计策略对生态环境的作用路径及结果。唐红林等（2023）基于社会—生态系统理论和可持续生计分析框架，运用双重差分模型、生态足迹和多项 Logistic 回归模型等方法，刻画了石羊河流域多样生态治理下农户生计转型的路径并评估了其所造成的社会与生态效应。叶文丽等（2023）利用遥感影像、GIS 技术和实地调研获取的微观数据，在土地利用分析的基础上分析典型生态脆弱区的生态环境质量时空变化，并借助生态环境质量模型分析了农户生计转型的生态效应。综上所述，可以发现，目前对农户生计转型生态效应的研究依然比较薄弱，未能系统地将农户生计变化与生态系统的结构与功能变化联系起来，精准衡量农户生计转型对生态环境的影响程度，从而建立准确评估农户生计转型生态效应的综合动态评估模型。对农户生计转型的生态效应研究应该放到人—地系统中去，综合衡量自然、经济、社会、制度等多重因素之间的相互作用与相互影响，为此需要构建把生态、社会、经济联系在一起的动态模拟模型，对农户生计转型的生态效应变化做出预测与评价。DPSIR 模型可以系统地反映出农户生计转型生态效应所涉及的各方面影响模块，将各影响模块通过具体的衡量指标进行量化，从而对模型进行定量分析，以此来考察各模块对生态环境的影响，从而较好地评估出农户生计转型的生态效应（林恩惠等，2015）。因此，本研究选用 DPSIR 模型对农户生计转型的生态效应进行研究。

DPSIR 模型即驱动力—压力—状态—影响—响应模型，是一种在环境系统中广泛使用的评价指标体系模型，该模型最早由欧洲环境署提出，用来描述自然生态系统压力下人类与环境的相互作用和相关信息的流动。DPSIR 模型作为衡量环境及可持续发展的一种指标体系，可以从系统分析的角度分析人和环境系统之间的相互作用。该模型涵盖了经济、社会、生态环境和制度政策四个方面，能够在全面、系统地反映经济发展、社会状态以及人类活动对环境的影响的同时反映生态环境对人类社会影响的响应，可以比较好地揭示人类活动与环境变化之间的因果关系。DPSIR 模型主要包含五个模块，分别是驱动力模块（drivers）、压力模块（pressures）、状态模块（state）、影响模块（impact）和响应模块（responses），各个模块之间存在着的潜在因果关系链如图 7-1 所示。

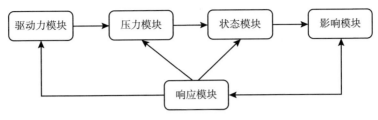

图 7 – 1　DPSIR 模型框架

　　DPSIR 模型内部各模块之间的关系是以驱动力模块为起点的循环性影响关系。驱动力模块体现的是经济、社会发展和人类活动对环境的原始动力，这种原始动力会对生态环境施加压力，可以通过具体的社会经济发展指标进行衡量；压力模块反映了人类从生态环境中获取资源、消耗资源以及排放废弃物等活动对环境造成的负担；生态环境受到人类活动所施加的压力后会对此产生反馈，这些反馈体现在生态系统的状态上，具体表现为生态环境系统的质量与自然资源状况，因此，状态模块反映了在压力的影响下，生态系统对人类活动的支持和供给情况。生态环境状态的变化会产生具体的影响，影响模块便是用来描述在驱动力和压力的作用下生态环境状态和功能的变化情况；响应模块则反映了人类活动在对生态环境产生影响的同时，人也会对生态环境的变化产生响应，对人类活动所造成的环境问题采取一系列的措施进行调节，这些措施包括经济、社会、生态以及制度政策等各方面，会作用于其他模块，从而形成五个模块之间的相互影响、相互作用。

7.2　指标体系构建

　　DPSIR 模型涵盖了社会经济、资源能源、生态环境等各个方面，以人类社会经济发展活动为出发点，既解释了人类的行为对资源利用和生态环境的影响，又说明了大自然对资源和生态环境变化的响应。社会经济发展是导致生态环境变化的主要驱动力，在以社会经济发展为目标的各种人类活动中，资源能源不断被消耗、各种废弃物不断排放，生态环境承受越来越多来自人类活动的压力，资源能源和生态环境等方面所承受的压力直观地反映在生态环境质量的状态上，同时，生态环境质量的变化也对社会经济的发展产生影响，于是受到影响的人们开始采取各种政策和措施来响应和处理生态环境的变化。生计活动作为人类最基本的社会经济活动，其变化亦是导致生态环境变化的重要驱动力。在农村地区特别是作为矿粮复合区的农村地区，农户作为最基础的经济活动主体和行为决策主体，是农村土地、水源、植被等自然资源的直接利用者，处于人口、经济与资源环境矛盾的核心，其生计活动的动态变化会对当地生态环境产生不同程度的干扰乃至破坏，并对生态环境产生深远影响，十分值得关注。在我国城镇化进程快速推进的背景下，大量农村劳动力向非农产业和城市地区转移，农户的生计活动类型不断变化并呈现出多样化的特征，其对生态环境的影响也越发复杂和多样化。正确评估不同农户生计类型所具有的生态效益，一方面能够为农户实现可持续生计提供条件，另一方面也可以为维护生态环境良性循环发展提供依据，这对自身具有一定特殊性的矿粮复合区的农户显得尤为重要。

矿粮复合区的特殊性在于既有丰富的矿产资源又存在着农业活动，区域内的农户生计往往受到矿产资源开发活动的直接影响。一方面，矿产资源的勘探和开采可能占用大面积的土地，周围的大量耕地也可能被破坏导致耕地减少、土壤质量下降等问题，并给当地带来水源污染、土地污染、大气污染等环境污染问题，对当地农户的生计造成负面影响，促使农户不得不进行生计转型；另一方面，矿产资源的开发也给当地农户提供了收入更高的新就业机会，此外，矿业企业在区域发展中能提供一些基础设施建设、就业培训等方面的支持，在一定程度上促进了当地经济的多元化，有助于推动农户进行生计转型。要对矿粮复合区的农户生计转型的生态效应进行综合评价必须确定一套评价的指标体系，考虑到矿粮复合区农户生计转型生态效应的复杂性和系统性，本研究基于 DPSIR 模型的原理构建矿粮复合区农户生计转型生态效应评估的指标体系。根据 DPSIR 模型的理论框架，将农户生计转型的生态效应评估指标体系划分为驱动力模块、压力模块、状态模块、影响模块和响应模块进行分析，逐步梳理指标层与目标层之间的内在关系。结合研究区域农户生计的现状和获得的相关基础数据，本研究将矿粮复合区生态效应的测度划分为 5 个系统以及下设 19 个二级指标。如果某个指标数据的增长会促进生态效应水平的提升，则将其划分为正相关指标；反之，如果某个指标的增长会抑制生态效应水平的提升，则将其划分为负相关指标。为了方便计量评估，本研究全部采用定量数据，根据系统的构成和具体的下属指标、指标的单位和具体为正向或者逆向的指标情况所构建的矿粮复合区农户生计转型的生态效应评估指标体系如表 7 - 1 所示。

表 7 - 1　　矿粮复合区农户生计转型生态效应评估指标体系

类型	编号	指标	单位	指标性质	权重
驱动力（D）	D_1	农村劳动力数量	万人	正	0.1416
	D_2	人均耕地面积	亩/人	正	0.0783
	D_3	城镇化率	%	正	0.0826
	D_4	人均生产总值	元/人	正	0.0607

续表

类型	编号	指标	单位	指标性质	权重
压力（P）	P_1	水资源消耗量	万立方米	负	0.0615
	P_2	能源消耗量	万吨标准煤	负	0.0367
	P_3	废水排放量	万吨	负	0.0228
	P_4	土地利用结构：建设用地占比	%	负	0.0495
	P_5	废气排放量	亿标立方米	负	0.0510
状态（S）	S_1	土地利用效益	元/亩	正	0.0781
	S_2	森林覆盖率	%	正	0.0442
	S_3	污水实际处理量	万吨	正	0.0392
	S_4	大气污染物去除量（化学需氧量＋氨氮）	吨	正	0.0359
影响（I）	I_1	受灾人口	万人次	负	0.0223
	I_2	受灾面积	千公顷	负	0.0384
响应（R）	R_1	植被恢复面积	万公顷	正	0.0205
	R_2	土地覆盖类型：耕地、林地、园地、牧草地之和	万亩	正	0.0212
	R_3	土地退耕还林面积	万公顷	正	0.0657
	R_4	人均可支配收入	元	正	0.0497

驱动力模块为推动农户进行生计转型的指标，一般包括内生性驱动力和外生性驱动力。内生性驱动力以农户所拥有的生计资本为代表。农户生计类型与其拥有的生计资本之间存在紧密联系，生计资本的拥有量和结构变化会对生计转型产生直接影响。一方面，生计资本是农户实现生计转型的基础，生计资本的数量和多样化状况影响农户生计策略的多样化，同时，生计资本的不足也必然会对农户生计策略的选择造成限制；另一方面，不同生计资本之

间的组合情况也影响着农户生计活动的类型，各种生计资本对农户生计转型的影响方式和影响程度随着农户生计活动的不同而有所差异。

综合考虑各种生计资本对农户生计转型的影响程度以及相关基础数据的可获得性，本研究只选取生计资本中比较具有代表性的几个指标，包括农村劳动力数量、人均耕地面积。外生性驱动力包括农户所处的自然环境、社会经济发展水平和当地的政策制度等，但考虑到社会经济发展往往是农户生计转型的主要驱动力，本研究将衡量社会经济发展现状的指标作为驱动力的重点指标，如城镇化率、人均生产总值。

压力模块反映的是驱动力作用直接施加在生态环境之上，促使生态环境发展变化的压力。农户生计转型对生态环境产生的压力类型主要有三种：资源消耗、污染废弃排放和土地利用。因此，对其生态效应评估的压力指标也主要围绕这三个方面展开。其中，资源消耗指标包括水资源消耗量、能源消耗量；废弃物排放指标包括废水排放量、废气排放量；土地利用指标包括土地利用结构。在矿粮复合区，生态环境所承受的压力更多来自矿产资源开发行为，因此，本研究将矿产资源开发过程中的资源损耗作为压力的重点指标。

状态模块反映的是生态环境系统在驱动力与压力的共同作用下的环境质量与自然资源状况，其状态指标用于描述生态环境能够满足农户生计活动发展的状态，通常涵盖了生物多样性、水质、土壤质量、大气质量等多个方面，具体包括土地利用效益、植被覆盖率、污水实际处理量、大气污染物去除量等。

影响模块反映生态环境的状态变化对社会经济、农户生活及其健康状况的影响，主要包括自然灾害受灾人口、受灾面积。响应模块反映农户、政府等经济活动主体对生态环境变化所采取的各种应对措施，其响应指标包括植被恢复面积、土地覆盖类型、土地退耕还林面积、人均可支配收入。

评价指标的原始数据主要来源于 2014～2023 年的《中国统计年鉴》《广东统计年鉴》《韶关统计年鉴》，部分缺失数据通过插值法和查阅其他年鉴所提供的数据进行补充。

7.3   农户生计转型的生态效应评估

7.3.1   评估方法

根据前人相关研究经验，对 *DPSIR* 模型的评估分析主要包括以下几步：首先，对原始数据进行极差无量纲处理；其次，采用赋权方法计算出指标体系的权重矩阵；最后，计算出各系统的评价值，运用综合分析法对韶关市所研究的主要镇区的生态效应进行有效的评估，并观察其在研究时期内的变化发展趋势。本研究在对生态效应的评估上选用客观赋权法的代表性方法进行确权，该方法能够更好地避免主观因素对数据结果造成的影响，使评价标准更加客观科学。而熵值法是其代表性方法，能够在同类客观赋权法中获得更加准确有效的数据，并且检验数据的有效性。本研究在 *DPSIR* 模型的基础上，使用熵值法对研究地区农户生计转型的生态效应指标进行评估计算，具体步骤如下：

首先，进行标准化处理，本研究具体采用极差标准化的方法对生态效应的评估指标进行标准化处理，具体公式为：

$$s_{ij} = \frac{a_{ij} - a_{\min}}{a_{\max} - a_{\min}} \tag{7-1}$$

$$s_{ij} = \frac{a_{\max} - a_{ij}}{a_{\max} - a_{\min}} \tag{7-2}$$

其中，式（7-1）为正相关指标的处理方式；式（7-2）为负相关指标的处理方式；$i = 1$，2，$\cdots$，m；$j = 1$，2，$\cdots$，n；m 为数据的年数；n 为评价指标的个数；a_{ij} 为第 i 年第 j 个指标的原始数据；s_{ij} 为处理过的标准化数据值，并且在标准化处理之后对各项指标数据进行了平移处理。

其次，计算第 i 年下的第 j 个指标的信息熵和效用值，其公式分别为：

$$p_{ij} = a_{ij} \Big/ \sum_{i=1}^{m} a_{ij} \tag{7-3}$$

$$e_j = -\left(\frac{1}{\ln(m)}\right) \sum_{i=1}^{m} p_{ij}\ln(p_{ij}) \tag{7-4}$$

$$g_j = 1 - e_j \tag{7-5}$$

最后，计算第 j 个指标的各项和的熵权重，具体公式为：

$$w_j = g_j \Big/ \sum_{i=1}^{m} g_j \tag{7-6}$$

7.3.2　生态效应水平评估指数计算

集合数据标准化、权重计算方法，通过对不同年份的各项指标进行线性加权计算分析，可以更加科学合理地对生态效应综合水平指数进行评估，具体计算公式如下：

$$Y_i = \sum_{i=1}^{m} w_i s_{ij} \ (i = 1,\ 2,\ 3,\ \cdots,\ m) \tag{7-7}$$

7.3.3　评估标准

式（7-7）是关于研究地区第 i 年的评估值，以此为基础，参考相关专著和安全评估报告，本研究将韶关市、南雄市的农户生计转型的生态效应的评估值分成不同的等级，具体如表 7-2 所示，从而更加直观合理地评判研究地区生态效应的综合情况和发展趋势。

表 7-2　　　　　　　　　生态效应评估指数分级标准

生态效应评估指数	状态分级	生态系统特征
0~0.2	严重危机	难以正常运转
0.2~0.4	中度危机	较为脆弱
0.4~0.6	一般	处于临界状态
0.6~0.8	较好	基本正常运转
0.8~1	非常好	系统功能完好、运转顺畅

7.3.4　评估结果分析

各指标的具体权重数值及其分布情况如表 7-1 和图 7-2 所示。

从图 7-2 中可以看出，在所构建的 19 项指标中，D_1 的权重占比显著高于其他指标，权重高达 0.1416；其次为 D_3，权重为 0.0826；D_2 权重达到 0.0783；S_1 权重达到 0.0781。这一权重的分布状况及其原因与韶关市生态以及社会经济发展路径、时空地理特征息息相关，同时也显示出韶关市内部分地区生态保护需要关注的不足点。

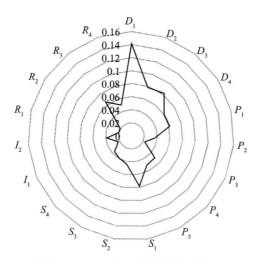

图7-2　生态效应评价指标权重关系

首先，从 D_1 来看，由于工业化和城镇化的不断推进，大部分农村劳动力外出务工，造成了农村空心化问题，使得部分农村地区发展动力不足，缺乏关键的劳动要素，并且国家大力提倡培育高素质农民，农民素质的提高有助于进一步发展和美乡村，因此韶关市部分地区的劳动力数量成为农村地区生态效应的重要因素。

其次，韶关市地区前期工业化多依靠矿产资源，但是由于其不可持续的原因，导致韶关市在发展后期缺乏资源，并且由于矿产开采对当地的土地和水源造成一定的破坏和污染，因此在后续的发展阶段，韶关地区不断推进科学排污、技术治污，不断引进城市先进科技成果，促进城乡之间的产业融合，谋求新的经济持续发展动力，因此关注城镇化率指标对于韶关地区农村生态效益水平，发挥城乡一体化联动力具有重要意义。

再次，国家粮食安全政策不断落实，农业耕种生产成为农村地区的重要使命，韶关地区多丘陵平原，重点要把握人均耕地面积，合理进行规模化流转，积极维护农户生产的主动性是生态效应的有效之策。

最后，随着人民生活水平的提升以及消费需求的多样化、优质化，对农业生产的要求也随之提高，同时农业生产的原料价格也在不断提升，然而农业作物的价格一直没有明显提升，这使得农户生产存在投入和产出之间的不对称的问题。关注农产品市场，逐步提高农产品价格，提高土地利用效益是生态效应水平提升的关键一步。

表 7 - 3、图 7 - 3 为 2013 ~ 2022 年韶关地区内农户生计转型的生态效应综合评价指数以及变化趋势。不同系统研究期间内的评估指数及其变化趋势如表 7 - 4、图 7 - 4 所示。

表 7 - 3　　　　　　　　2013 ~ 2022 年生态效应评估指数

年份	评价指数	状态评价
2013	0. 4341	一般
2014	0. 5208	一般
2015	0. 4471	一般
2016	0. 5013	一般
2017	0. 5417	一般
2018	0. 5102	一般
2019	0. 5131	一般
2020	0. 5433	一般
2021	0. 4897	一般
2022	0. 4666	一般

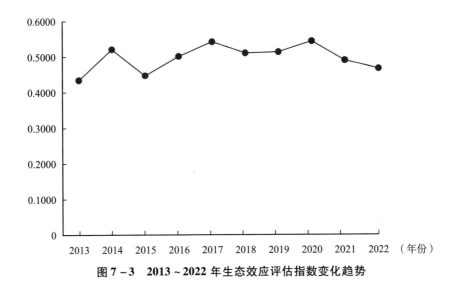

图 7-3　2013~2022 年生态效应评估指数变化趋势

从图 7-3 可以看出，韶关市地区内的生态效应指标总体呈现小幅度波动、略有上升的趋势。在 2013~2022 年间，韶关市地区内的生态效应指标状况一直处于"一般"状态，评判标准处于 0.4~0.6 之间，即处于临界状态。总体表明该地区的生态效应尚有较大的发展空间，还需要多关注农村地区生态效应的变化，努力提高生态效应水平，提高地区内经济生态协调发展的能力，缓解生态保护与经济社会发展之间的矛盾。2015~2020 年间，韶关地区的生态效应不断优化，评价指数有明显提高并且较长时期内维持在稳定状态，达到 0.5 以上。这一现象的出现与我国长期以来重视生态环境保护、坚持"绿水青山就是金山银山"这一科学理念密不可分。在此期间内韶关市迈入发展新阶段，不断更新和挖掘新产能，促进新兴产能的可持续发展，加快实现经济转型，优化地区内的产业结构，并且取得一定的成效。从当年的各项数据来看，2015 年及其之后年份的压力系统评估值呈现明显的下降趋势，表明韶关市地区在水资源、能源资源等损耗上有所降低，并且资源利用率有所提高，在对废弃物的排放控制和处理问题上有一定的成效。同时其生态系统也在此阶段开始维持在较好水平，进一步表明韶关市当地通过环境治理、资源整合所形成的显著效益。而在 2020 年之后综合评价指数又出现了较明显的下降。这可能是受到新冠疫情的影响，导致经济萎缩，农户的经济收入不稳定并且有所下降，在此期间内驱动力系统出现较明显的下降，表明缺乏发展后劲，并且响应系统没有达到一定的促进作用，提升效果不显著，农村土地利用效率和生产效率都有不同程度的下降，加上感染之后人的身体素质有所降低，农民对农业生产和生态环境维护的能力受到一定的限制（见表 7 − 4）。

表 7 − 4　　　　　　2013 ~ 2022 年生态效应指数详细变化趋势

年份	评价值				
	驱动力	压力	状态	影响	响应
2013	0.1393	0.2106	0.0001	0.0001	0.0842
2014	0.1477	0.1970	0.0395	0.0269	0.1097
2015	0.0994	0.1593	0.0772	0.0257	0.0854
2016	0.1089	0.1610	0.1001	0.0357	0.0955
2017	0.1189	0.1532	0.1201	0.0511	0.0983
2018	0.1478	0.1280	0.0800	0.0382	0.1162
2019	0.1709	0.1002	0.1118	0.0582	0.0720
2020	0.1963	0.0541	0.1435	0.0603	0.0891
2021	0.1455	0.0470	0.1501	0.0608	0.0863
2022	0.1524	0.0124	0.1581	0.0536	0.0902

　　农户生计转型的生态效应评价包括农业活动对生态环境的影响和农户生计变化对生态系统的影响两方面。目前的研究表明，在农户由传统的以农业生产为主的生计策略向兼业化、非农化和农业

专业化转变的过程中，农户的生产、生活行为也都发生了相应的变化。这些变化包括农户对土地资源、水资源等自然资源的依赖程度、利用方式和利用效率的改变以及农户家庭消费的能源类型和方式的变化，进而导致农户所在的生态环境也随之发生变化。目前，学者们普遍采用土地利用模式、自然资源消费方式与效率，以及生态系统服务等作为中介变量来评估农户生计策略转型对生态环境的影响（杨伦、刘某承等，2019）。这些中介变量被认为是衡量农户生计行为变化对生态环境产生影响的关键因素，对这些中介变量进行研究，有助于深入理解农户生计策略转型对生态环境的综合效应（见图 7 - 4）。

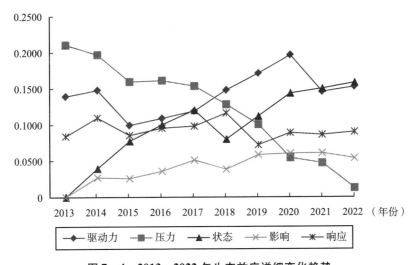

图 7 - 4　2013~2022 年生态效应详细变化趋势

从表 7 - 4 和图 7 - 4 可以看出，压力系统的评估指数基本保持下降的态势，且降幅最大，最终下降到 0.0124，其他 4 个系统的评估指数都存在不同程度的波动，且未来上升趋势可能性较大。这一现象产生的原因是农户对自然资源的消耗主要表现在水资源和能源方面，尤其以能源消耗对生态环境的影响最为显著。因此，能源消费方式及其利用效率变化也被作为反映农户生计转型生态效应的重要中介。一方面，农户大量燃烧秸秆和薪柴等生物能源，释放大量的颗粒物和二氧化碳等温室气体影响空气质量；另一方面，农户为了获得薪柴可能过度砍伐森林，导致植被破坏、水土流失加剧等问题，破坏了当地的生态平衡。随着农户生计的转型和整体收入的增加，农户的能源消耗将逐渐从传统的生物能源变为电力、燃气等商品性能源，这一变化一定程度上有利于降低农户能源消耗对生态环境的负面影响，促进局部生态环境的恢复。韶关市政府对于资源和能源的合理开发、高效利用、循环存储做出了积极的贡献，对规模化及以上工业企业的水资源和能源使用进行一定的量化控制，对废水、废气、固体废弃物进行去污化处理，使当地的土地和水源生态逐步恢复，并且给农户生产提供了较好的自然条件。韶关市坚决落实矿区转型和生态保护措施，有效推进了地区生态效应的健康可持续发展。压力系统对其他系统具有一定的抑制作用，表明地区发展和生态环境所存在的痛点与难点。从长期来看，韶关当地还应加强对生态效应的积极响应，不断调整生态效应的影响范围和影响模式，保持良好的趋势。

从其他各个系统的情况来看，首先是驱动力系统的指数，在2013～2014年上升之后，在2014～2015年下降到最低点0.0994，之后一直到2020年都在不断回升，达到0.1963，而后在测度期末出现略微波动，下降到0.1524，这一现象与该阶段人口增长率以及城镇化率有关。状态系统在研究期间整体呈现出不断上升的态势，达到0.1581；影响系统在测度期间呈现出缓慢上升的趋势，在测度后期基本维持在0.05～0.06之间，由于受到自然气候的影响，近些年气候变化造成了极端天气频发，洪涝灾害对地区生态造成一定的破坏；响应系统呈现出周期性波动，在2013～2014年评价指数有所上升，随后波动一年下降到 0. 0854；在 2015 ～ 2018 年呈上升态势，达到 0. 1162；2018 年之后有所下降，但总体较为稳定。

总体而言，各系统对于生态效应的贡献程度虽然在长时期内存在较为明显的不平衡趋势，但值得注意的是，在 2015 ～ 2016 年，所有系统指标数据都有一定的增长，这表明在短期内韶关市地区的生态效应曾展现出良好的发展态势，近年来各系统指标的作用有着不同程度的体现，但仍需要加大投入，保持长期势头，谋求长远发展。

生态效应在农户生计转型的过程中扮演着重要的角色，对其进行科学准确的评价对于维护区域生态安全和提升农户生计可持续性至关重要。总的来说，随着农户收入的稳步增长和对生态环境认知的不断深化，农户的生计行为正在逐步演变为环境友好的模式，其对生态环境的影响也呈现出日益积极和正向的趋势。

7.4　农户生计转型与生态效应优化耦合机制

7.4.1　农户生计转型对生态环境的影响

从社会—生态系统角度来看，农户生计转型与生态环境之间存在互馈关系，彼此之间通过某种机制互相作用和影响。农户的生计转型通过决策、行为变化等方式影响生态环境，同时生态环境的变化也会反过来影响农户的生计。这种相互关系形成了一个耦合机制，机制内的农户生计和生态环境相互作用，共同塑造着整个社会—生态系统的发展方向。农户生计与生态环境之间相互影响、相互作用，一方面，不同生计类型的农户在进行土地利用时会形成差异化的决策，导致产生不同的土地利用生态效应。另一方面，土地在农户的生计中扮演着关键的角色，既是重要的生计资本，又是必不可少的生产要素，高水平的土地生态效益对农户生计产生积极的反馈效应，为农户提供多样的生态系统服务，有助于维持其生计的可持续性，与此相反，土地生态效益的下降则将直接或间接地削弱农户生计的可持续性。

从时间维度看，不同阶段的农户生计行为具有不同的生态效应。在纯农业活动阶段，农户生计类型以纯农户为主，其生计方式主要是从事农业生产。在这一阶段，农户有充足的时间和劳动力进行农业生产，由于使用农药、化肥的成本较高，农业投入依然以有机肥和劳力为主，农业生产过程对生态环境的影响相对较小。有机肥的广泛使用有益于提高土壤有机质含量，改善土壤质量。农户生计行为对生态环境的影响主要表现在开垦荒地和砍伐薪柴上。农户为了拥有更多的耕地面积，对山林进行砍伐开荒，导致水土流失不断加剧；此外，由于农户的能源消耗以燃烧薪柴为主，大量砍伐山林破坏了地表的植被覆盖，从而加剧了水土流失和土壤侵蚀的程度，也破坏了当地动植物的生存环境，导致生物多样性的减少。

在外出务工为主的阶段，农户生计类型逐渐向兼农户和非农户转变，生计方式也由以农业生产为主转变为以务工收入为主、多种收入并存的多样化生计方式。在这一阶段，由于农户要兼顾农业生产活动和非农业生产活动，且往往非农业生产活动更为重要，所以农户会减少劳动力在农业方面的投入，以农药化肥和机械取代以往的有机肥和劳力投入。同时，由于农业劳动力减少和生计方式的多样化，导致农户对土地的依赖程度降低，部分地区甚至出现耕地撂荒的现象，此外，煤气、天然气、电力等能源也已经代替薪柴成为主要能源，农户开垦荒地和砍伐薪柴的行为逐渐消失。在此阶段，农户生计行为对生态环境的影响，一方面表现为水土流失和地表植被覆盖破坏程度减弱，另一方面由于过度使用农药化肥产生农业面源污染，对环境的破坏程度有所加大，产生负方向的生态效应，主要表现为水体污染、土壤质量下降和生物多样性损失。在水体污染方面，农药在雨水或灌溉水中溶解，可能流入河流、湖泊或地下水体，对水生生物产生毒性影响，破坏水体生态系统；化肥中的氮、磷等元素可能被雨水冲刷至水体，导致水体富营养化，引发藻类过度生长，影响水质。在土壤质量方面，长期使用农药可能导致土壤中益生微生物减少，对土壤生态系统产生负面影响，破坏土壤的自然生态平衡；过量使用化肥可能引发土壤酸化、盐碱化，影响土壤结构和质地，降低土壤肥力。

在非农活动兴起与农业专业化阶段，农户生计行为呈现出不同的转型趋势。一方面，一些农户在积累了一定的生产资本和资金后，选择摆脱农业生产，将注意力转向非农活动，实现农户生计的非农化转型；另一方面，一些具有一定生产资本和专业技术的农户则选择租入在农业领域进行规模化经营，走农业专业化道路。在这一阶段，无论是从事非农活动还是从事农业生产，农户的生计方式都逐渐向专业化发展。一方面，农户生计的非农化使得农户对自然资源的消耗和依赖程度降低，能够减少农户砍伐山林、开垦荒地等土地利用行为，减轻对地表植被的破坏程度，从而促进山地植被的恢复。此外，由于农户生计导致的耕地撂荒也在一定程度上促进了耕地地力恢复和局部生态环境的恢复。另一方面，在农户向农业专业化转型的过程中，农户会更加注重在农业生产过程中的长期投入和可持续发展，并通过科学规划和管理、利用现代农业技术和以市场需求为导向，达到提高产出效益与收入的目的。此外，在绿色发展理念和可持续发展理念的指导下，农户采用可持续的农业生产方式，注重土地维护性投入和土地恢复性管理，在实现专业化程度较高的土地集约利用的同时，减少对环境的负面影响，提高生态效益。在此阶段，农户生计行为对生态环境的影响程度较小，有利于生态环境的恢复。这种转型既能满足农户经济收益，又符合可持续发展的要求，体现了农业生产与生态环境之间的协调发展。

7.4.2 生态环境对农户生计转型的反馈

生态环境提供的产品和服务决定了农户生计的基本模式（傅斌等，2017）。这意味着生态环境会对农户生计转型产生反馈，两者之间的关系在农业生产不断演变的过程中会变得愈加紧密。生态环境作为农户生计转型的基础，在农户生计从传统的纯农户向农业专业化、非农化转型的过程中扮演着重要角色。现阶段，关于生态系统对于农户生计转型反馈的研究主要按生态系统的类型展开，以对森林生态系统的研究为主，其次是湿地与草地。

在森林生态系统反馈方面，森林生态系统为人类活动提供木材、非木材产品和森林生态服务。一方面森林可以给农户提供木材产品以及果实、草药等非木材产品，这些产品可以维持和改善农户生计状况；另一方面森林还提供水源涵养、气候调节、土壤保护和改良、碳汇服务等生态服务，如通过涵养和净化水资源为农户提供灌溉和生活用水、通过植被覆盖抑制水土流失并借助植物残体和腐叶层提供有机质保护并改良土壤等，持续调整农户的生活环境。

在湿地生态系统反馈方面，湿地生态系统为农户提供水资源调控、渔业养殖、维护生物多样性等服务。首先，湿地生态系统具有调节洪水、净化水质、调控水流等功能，这能够减轻洪涝灾害对农户和耕地的影响，并为农户生产、生活和灌溉提供安全稳定的水源。其次，湿地生态系统涵养了许多渔业资源，这为农户进行渔业养殖提供了条件，能够增加其经济收入来源。最后，湿地生态系统是众多水生和湿地生物的栖息地，保护湿地有助于维护生物多样性，对农户的渔业发展和生态平衡都有积极影响。

　　综上所述，生态环境对农户生计转型的反馈主要表现为生态环境能够为农户提供的各种生态系统服务，包括产品供给、水源涵养、水资源调控、土壤保护和改良、气候调节，等等。这些生态系统服务不仅为农户生计提供了直接的物质支持，而且构建了农村地区的生态基础，在生态平衡和社会可持续发展方面发挥着重要作用。

第8章 乡村振兴背景下矿粮复合区农户生计转型的政策建议

8.1 发展多元产业，促进产业振兴

8.1.1 适度规模经营与专业合作社

政府应致力于鼓励和支持农民采取适度规模经营与专业合作社的模式，以推动农村经济的现代化升级。在实践中，政府可以提供土地流转和托管政策的支持，以激励农民将散落的小块农田整合起来，形成规模化经营。这些政策可以包括鼓励农地流转、提供流转税收优惠等，以激励农民将资源整合，实现更高效的农业生产。通过规模化经营，农民可以更好地利用现代农业技术，实现农业生产的集约化和规模效应。专业合作社在乡村振兴中发挥着重要作用，政府应该为专业合作社提供必要的支持和优惠政策，鼓励农民积极参与合作社的组建。这些合作社可以将农民的土地、资金、技术、劳动力等要素集中起来，实现资源优化配置和产业链条的延伸。合作社不仅能够减少农民个体经营的风险，还能够提高农产品的采购、加工、销售等环节的整合效率，增强农产品在市场中的议价能力。鼓励和支持合作社开展农产品深加工，增加农产品的附加

值。通过投入资金、技术支持和市场拓展，政府可以帮助合作社将农产品加工升级，生产出更多具有市场竞争力的高附加值产品。这有助于增加农产品的利润，提高农民的收入水平，推动乡村经济发展。

8.1.2　推动高效现代农业技术应用

在促进矿粮复合区的产业振兴过程中，高效现代农业技术的应用是关键举措。政府应该大力支持农业科技的研发和创新，提供资金和技术支持，以促进农业生产的现代化和智能化。政府可以加大对农业科研机构和高校的投入，支持开展与矿粮复合区特色相适应的农业科技研究，包括新品种选育、高效农业生产技术、病虫害防控技术等。通过科技研发，提高农产品的产量和品质，降低生产成本，增强农民的抗风险能力。

政府可以推广现代农业技术的应用，提供技术培训和指导。现代农业技术包括先进的种植技术、设施农业技术、节水灌溉技术、智能农机械等。通过培训，农民可以学习到更科学、高效的农业技术和管理方法，提高农业生产的效率和产出。农业信息化建设也是推动现代农业发展的重要手段。政府可以支持建设农村信息网络、农业信息服务平台。这些平台可以为农民提供农业市场信息、天气预报、农业技术指导等服务，帮助农民做出更明智的农业生产决策。鼓励和支持农民参与农业科技创新，推动"农民科技示范户"的建设。通过向农民提供创新资金和奖励，激励他们在农业生产中尝试新技术、新模式，形成良好的示范效应，带动更多农民积极参与现代农业的推广和应用。

现代农业技术的应用会促使矿粮复合区的农业生产实现质的飞跃。农民能够更好地适应市场需求，提高产品质量，实现农业产业链的升级和延伸。这将有助于提高农民的收入水平，推动乡村经济的蓬勃发展，为矿粮复合区的乡村振兴注入新的活力和动力。

8.1.3　聚焦乡村发展重点

进一步聚焦乡村发展重点。加快完善现代农业产、加、销一体化产业链条，引进蔬菜分拣包装集散平台、泡沫箱制造车间、冷藏仓储、腊味加工厂等农产品加工企业，补齐农产品烘干、冷链、仓储、物流短板。拓展特色农产品销售渠道，积极对接市场经营主体，推广当地优质产品，提升农产品附加值。充分挖掘利用特色文化，开发休闲农业和乡村旅游精品线路，完善配套设施设备，促进农村一二三产业深度融合发展。

8.1.4　健全旅游产业体系

挖掘矿粮复合区红色历史文化，发展红色文化旅游。充分发挥恐龙化石群遗址、红军长征粤北遗址、石塘双峰寨等的稀有性、典型性、自然性和系统完整性等优势，进一步挖掘整合丰富的文化资源，切实加强对红色党史教育馆的研究保护、活化利用；依托国家森林乡村、凡口国家矿山公园、香草世界森林公园打造国家级旅游景区，着力推进观光、教育、研学等旅游产品发展，提高品牌价值。焕发生态活力，发展生态康养旅游。充分利用矿粮复合区丰富的生态旅游资源，加大招商引资力度，逐步完善森林公园、丹霞地貌等景区规划建设，丰富生态康养旅游产业业态，打造生态康养旅游产品体系，打响生态康养旅游品牌。产业建设方面，发展生态休闲旅游，发展融合生产、生活、生态的创意农业模式，通过盘活闲置房屋、校舍、土地资源共同谋划打造民宿产业群。通过宣传开拓市场、抓整合精塑线路等方式，促进餐饮、住宿等配套服务完善，不断延伸旅游产业链条，将乡村旅游与休闲农业作为矿粮复合区的经济增长点。

8.2　多层次培育人才，打造人才引擎

8.2.1　创新人才培养机制

加强乡村实践教育。将课堂教学与实践教育有机结合，让学生深入乡村，了解实际情况，亲身参与乡村发展项目和社区服务，增强服务乡村的意识和责任感。政府可以与高校合作，建立乡村实践基地，为学生提供实践机会和指导，帮助他们深入了解乡村发展的需求和挑战。要鼓励跨学科学习和交流。建设跨学科学院或学习中心，打破学科壁垒，让学生能够自由选择不同学科的课程，增强综合知识和解决问题的能力。政府可以设立乡村发展奖学金，鼓励学生在不同学科领域深入学习和研究，为乡村振兴提供多元化的智力支持；加强乡村人才导师制度建设。为乡村学生配备专业导师，为他们提供学业和职业规划指导。同时，政府可以建立导师团队，由各领域的专业人才组成，为乡村学生提供全方位的指导和支持。导师可以与学生共同制定发展规划，帮助他们在乡村振兴的道路上不断成长。

8.2.2　建设乡村人才交流平台

打造一个全面的人才交流平台，为乡村人才提供广阔的发展机会和多元化的信息交流渠道，从而推动乡村的全面发展，尤其在矿

粮复合区，乡贤活动的举办与推进具有特殊的重要性。同时，鼓励乡村地方政府与高校、科研机构合作建设交流基地，为乡村人才提供实践机会和科研平台，这些基地可以提供实地调研、创新项目孵化、技术试验等平台，深入了解乡村实际问题，提出创新解决方案。此外，通过乡村创新创业大赛和交流活动，激发乡村人才的创新创业意识，评选出优秀的乡村创新项目和人才，进一步鼓励和支持乡村创新发展。通过这样的综合性人才交流平台，可以有效提高乡村人才的综合素质和创新能力，为乡村振兴注入新的智力支持，推动矿粮复合区乡村经济的持续健康发展。

8.2.3　人才引进培养规划

引进外部人才是促进矿粮复合区人才振兴的重要策略。吸引外部优秀人才来到乡村，可以为乡村振兴注入新的活力和技术支持。首先，政府可以制定一系列有针对性的引才政策，包括提供税收优惠、购房补贴、子女教育优惠等吸引措施，给外部人才提供更加优越的生活条件和发展环境，使其更愿意融入当地社区。其次，政府可以与高校、科研机构和企业合作，制订乡村人才引进计划，引进专业人才和技术团队，加速乡村产业的升级和创新。这种合作模式可以为外部人才提供在实际项目中施展才华的机会，同时为当地农业和矿业领域注入新的血液，推动整体发展。最后，建立外部人才与本地人才的联动机制，促进彼此的交流和合作，充分发挥外部人才的引领作用和本地人才的积极性，有助于本地人才向外部人才学习，同时也给外部人才提供更好的融入途径，形成双向互补的局面。

通过制定引才政策、建立合作计划以及推动外部人才与本地人才的联动合作，为乡村振兴注入新的活力和技术支持，实现矿业和农业的有机融合，为矿粮复合区的可持续发展打下坚实的基础。

8.3　传承乡土情怀，构筑文化支撑

8.3.1　强化乡村文化遗产保护与传承

保护和传承乡村文化遗产是促进矿粮复合区乡村振兴至关重要的一环。如恐龙化石群遗址、红军长征粤北遗址、石塘双峰寨等。这些乡村文化遗产蕴含着丰富的历史、传统和智慧，是乡村振兴的宝贵财富。政府应当制定综合保护措施和政策，强化乡村文化遗产的保护意识，让广大乡村居民认识到这一宝贵遗产的珍贵性与重要性。在落实保护措施时，要坚持可持续发展的原则，既要保护好文化遗产的原汁原味，又要使其与现代社会相协调、相融合。政府可以设立专门的文化遗产保护机构，加强对乡村文化遗产的专业保护与修复，确保历史建筑、传统手工艺等乡村文化元素得到有效的保护。同时，要鼓励乡村居民积极参与文化传承活动，传承乡村的历史记忆和民俗传统，将这些宝贵的文化资源代代相传。

另外，政府还可以整合社会资源，鼓励企业和公益组织参与乡村文化遗产保护。与专业文化机构合作，共同开展文化遗产保护项目，充分发挥各方的力量，形成合力。同时，引入先进的科技手段，如数字化技术和虚拟现实技术，将乡村文化遗产进行数字化保存和展示，使其更好地传播与传承。

在保护和传承乡村文化遗产的同时，政府还应鼓励创新性利用。将乡村文化融入乡村旅游和文化创意产业中，推动文化与产业的融合发展。鼓励乡村居民通过文化创意产业开发新产品、新业态，挖掘文化资源的商业价值，为乡村振兴带来新的经济增长点。在不断推进乡村振兴的过程中，保护和传承乡村文化遗产的重要性不可忽视。只有让乡村居民认识到文化遗产的珍贵，通过保护和创新性利用，使其成为乡村振兴的动力源泉，才能为矿粮复合区的乡村振兴开辟广阔的发展空间，让乡村文化在新的时代焕发出勃勃生机。

8.3.2 推动乡村文化与产业融合发展

推动乡村文化与产业融合发展是促进矿粮复合区乡村振兴的重要举措。将乡村文化与产业有机结合，可以激发乡村的创造力和活力，推动乡村经济的多元发展。

鼓励创新文化创意产业。政府可以设立专项资金，支持乡村文化创意企业的创立和发展。同时，提供优惠政策和创业支持，鼓励有文化创意想法的乡村居民创办企业，推动乡村文化创意产业的蓬勃发展。将文化融入乡村旅游业也是推动乡村振兴的重要策略。乡村具有独特的自然风光和丰富的历史文化，这些资源可以成为乡村旅游的宝贵资产。政府可以加强乡村旅游规划和开发，注重发掘乡村的文化内涵，打造富有特色的文化旅游线路，吸引更多游客前来乡村，推动乡村经济的发展。进一步挖掘文化资源的商业价值也是推动乡村文化与产业融合的重要方向。乡村的传统文化和民俗习惯往往蕴含着丰富的商机。政府可以鼓励乡村居民将传统文化与现代商业相结合，开发出具有地域特色的文化产品和手工艺品，提高其附加值和市场竞争力。同时，引导乡村居民挖掘文化资源的商业潜力，开发文化旅游产品、文创产品等，推动文化与产业的深度融合。

通过推动乡村文化与产业融合发展，我们可以实现乡村振兴的

"双赢"局面。一方面，乡村文化的传承和发展将为乡村产业提供独特的文化资源和创新动力，促进乡村产业的升级与发展。另一方面，产业的发展也将为乡村文化的传承提供更多资源和平台，提高乡村文化的影响力和传播力。文化与产业的融合，可以为矿粮复合区乡村振兴注入新的活力，实现乡村经济的持续繁荣与社会进步。

8.3.3 推广文化教育和艺术活动

政府可以举办文化教育活动和艺术节庆。组织乡村居民参加绘画、音乐、舞蹈、书法等文化艺术培训，提高乡村居民的文化素养和审美能力，如传统文化节日庆典、文艺演出、艺术展览等，吸引更多人前来观赏和参与，丰富乡村居民的文化生活，营造良好的文化氛围。政府可以建设乡村图书馆，提供丰富多样的图书、期刊、报纸等文化资源，为乡村居民提供便捷的学习和阅读环境。为乡村居民提供欣赏艺术作品和文化交流的场所，培养他们的审美情趣和创新思维。鼓励乡村居民参与文化创作和演出也是推广文化教育和艺术活动的重要举措。政府可以设立文化创作奖励和演出补贴等政策，鼓励乡村居民积极参与文化创作和演出活动。同时，支持成立乡村文化团队和艺术团体，推动文艺作品在乡村广泛传播，激发乡村居民参与文化创意产业的热情。

开展各种文化教育和艺术活动，首先，可以提高乡村居民的文化素养和艺术修养，增强他们的文化自信和自我创造能力。其次，丰富乡村居民的文化生活，改善乡村人居环境，提升乡村的整体文化品质。同时，激发乡村的文化创意创新，推动乡村文化产业的繁荣和发展，带动乡村经济的增长和社会进步。通过这样的综合性文化教育和艺术活动，为矿粮复合区乡村振兴注入新的活力，实现乡村的持续繁荣和全面发展。

8.4 建设和美乡村，促进生态融合

8.4.1 进一步推进乡村风貌建设

继续加大力度推进交通基础设施建设，改善村民的出行条件，便利山区丰富的农产品、竹木等资源走向市场。持续推进水利设施建设，逐步完善各村的排洪渠、水坝等水利设施，提升村庄的防洪排涝能力。在矿山山区的村庄，需要因地制宜，修建一系列小型但功能精良的储水设施，根据各片的种植规模，适当规划一些地方修建山塘，以满足旱季的灌溉需求。推进水利灌溉设施建设，大力发展滴灌技术，合理统筹农业发展资金，逐步完善各村的水利灌溉设施。加强宣传滴灌技术的优势，并通过奖励和补助等方式，引导村民积极参与建设滴灌设施，提高灌溉效率，推动农业生产的提质增效。在人居环境方面，加紧推进人居环境整治建设生态宜居美丽乡村项目，努力营造宜人的居住环境，并尽可能地让更多的乡村参与农村人居环境整治建设生态宜居美丽乡村的各项活动，争取资金和项目，以加速推进乡村的现代化建设进程，打造出更加宜居、生态友好的农村社区。

8.4.2 制定生态保护规划和政策

制定生态保护规划和政策是促进矿粮复合区生态振兴的重要举措，也是建设美丽乡村、推动可持续发展的必然要求。首先，政府需要对矿粮复合区的生态状况进行全面调研和科学评估。通过收集大量数据和实地考察，深入了解生态环境的现状、面临的问题和潜在威胁，确立保护优先区域和关键生态功能区，为制定规划和政策提供客观依据。其次，制定生态保护规划需要有全局观和长远眼光。政府应倾听各方意见，与专业机构合作，综合考虑社会、经济和环境等多方面因素，确保规划的科学性和可行性。规划的制定还应充分尊重和保护当地乡村居民的合法权益，尽量减少可能产生的不良影响，确保乡村振兴与生态振兴相辅相成，实现多赢局面。

在规划的基础上，需要制定具体的生态保护政策。这些政策包括限制开发区域、控制污染排放、推广节能环保技术、加强自然资源保护等。同时，政府还应制定相应的激励政策，鼓励乡村居民和企业积极参与生态保护。例如，可以给予符合条件的生态农业、生态旅游企业优惠税收和贷款支持，鼓励它们在保护生态环境的同时发展经济。

政府在制定生态保护政策时，还应加强与相关部门和地区的协作与合作。因为生态保护事关全局，涉及众多部门和地区的利益，只有形成合力，才能有效推进生态保护工作。政府可以组织相关部门和地方进行联席会议，加强信息共享和资源整合，形成一体化的生态保护网络。为保障政策的有效实施，政府需要建立科学的监督与评估机制。及时监测生态环境的变化，评估政策的实施效果，发现问题并及时调整。同时，加强对生态保护知识的普及和教育，增强乡村居民的环保意识和自觉性，使其成为生态保护的积极参与者和推动者。

8.4.3　实施生态修复项目

在矿粮复合区，由于过度开发、不当利用资源或自然因素等原因，生态环境受到损害或破坏。为了恢复生态平衡，政府应当着手实施生态修复项目。

生态修复项目包括植树造林、湿地恢复、水体治理等措施。大规模植树造林可以增加乡村的绿化覆盖率，提升生态景观品质，促进土壤保持和水资源调节。同时，可以引进适宜的植物物种，恢复乡村的生物多样性，维护生态平衡。湿地是重要的自然生态系统，政府可以对受损湿地进行修复和保护，恢复湿地功能，提升湿地的自然价值和生态服务功能。此外，对于遭受污染的水体，政府应当采取治理措施，净化水质，改善水环境，保障乡村居民的用水安全。实施生态修复项目需要充分发挥科技和专业机构的作用。政府可以组织专家进行现场调研和科学规划，确保修复措施的科学性和针对性。同时，政府还应当加强与当地居民的沟通与合作，充分听取他们的意见和建议，确保修复项目符合当地实际情况和居民需求。此外，可以引入社会资本和市场机制，加大投入力度，推动生态修复项目的实施。鼓励社会企业和公益机构参与生态修复，减轻政府财政负担，提高项目的执行效率。政府可以提供相应的激励政策，如税收优惠、财政支持等，吸引更多社会资本投入生态修复项目。

8.4.4 推动可持续农业发展

在当前全球生态环境遭受严重威胁的背景下，发展可持续农业是保护生态平衡、实现经济社会可持续发展的必然选择。政府在推动可持续农业发展过程中，应采取一系列综合措施，确保农业的生态友好性、资源高效利用和经济的可持续性。加强农业技术创新和推广，鼓励科研机构和企业共同研发适应当地条件的农业技术，如智能农机、无土栽培等，提高农业生产的效率和质量。同时，加强对农民的培训和指导，帮助他们了解和掌握现代化农业技术，逐步实现绿色、高效、智能农业生产。制定和完善相关政策，激励农民积极参与可持续农业发展。例如，通过给予税收优惠、贷款支持等经济手段，鼓励农民转向有机农业、生态农业和绿色种植，减少化肥农药的使用，保护土壤和水资源。政府还可以扶持建设农村产业园区和农业科技示范基地，推动农业产业集约化和规模化发展，提高农业生产的经济效益；鼓励和支持农民参与农产品的品牌建设和营销推广。通过培育农产品品牌，提高产品的附加值和竞争力，拓展市场份额，增加农民收入。政府可以引导农民发展特色农业，打造一批优质农产品品牌，推动乡村旅游与农业相结合，促进乡村经济多元化发展。

8.5　创新治理效能，加强组织振兴

8.5.1　强化规划先行意识

坚持规划先行，充分发挥镇村规划的先导作用。镇村干部要增强规划意识，确保镇村规划的有效实施。镇村规划主要领导亲自抓，其他镇村干部协同配合，形成全镇全村一盘棋的规划格局。努力营造上下一心、普遍重视规划的氛围，使规划成为全体居民关心的大事。在规划编制过程中，要始终坚持高起点和前瞻性，以提升规划质量为目标。编制镇域乡村振兴规划要明确工作思路，明确发展方向，为谋划"十四五"乡村振兴工作提供重要参考。要全面考虑镇域空间结构的优化，以促进农业生产和居民生活布局的协调发展。此外，还要稳步推进一种发展格局的形成，使之与资源环境承载能力相匹配，与村镇居住相适宜，与生态环境相协调。镇域规划的制定应当与乡村发展的方向相一致,紧密贴合各乡镇的实际情况,并具备高度可操作性。要结合国土空间规划,编制包含但不限于坪镇规划、村庄建设规划、产业规划、基础设施规划、公共服务规划、人才引进培养规划、历史文化传承与活化利用规划、重点项目规划等,以确保规划既具备务实性,又有远见,能够真正与发展现实紧密结合,为未来的发展铺就坚实的道路。总之,先进的规划将确保乡村振兴战略既能够应对当前挑战,又能够迎接未来机遇,实现可持续发展。

8.5.2 党组织引领乡村振兴

党组织在乡村振兴中具有领导核心作用,其使命是推动全体党员和广大农民努力实现中华民族伟大复兴的中国梦。首先,党组织应加强基础建设,着力于完善乡村组织体系,以确保党的基层组织在乡村健康而稳固地扎根。党组织需要加强自身建设,提高组织运行的效能和战斗力,确保能够有效地履行职责。紧密联系群众、深入了解民情民意成为关键任务,以便能够更好地代表和反映乡村居民的需求。通过与群众的紧密联系,党组织可以更好地听取群众的意见和建议,为乡村发展制定更加精准的政策和计划。同时,党组织需要为群众提供更为贴心和有针对性的服务,使人民群众切实感受到党的关怀和支持。党员干部要以身作则,践行党的宗旨,树立良好的党风党纪,做到廉洁奉公、勤政务实。密切联系群众,带领群众共同致富。其次,党组织要创新发展,根据乡村实际情况,探索适应矿粮复合区的乡村振兴模式。通过党组织的引领,促进乡村治理体系和治理能力现代化,激发乡村内生动力,实现乡村振兴的可持续发展。党组织还要加强党员队伍建设,培育一支忠诚有担当的乡村干部队伍,发挥党员的先锋模范作用,引导和带领农民积极参与乡村振兴。

8.5.3　提升干部和党员的发展能力

强化"三农"干部教育培训。根据矿粮复合区实际情况，制订并实施培训计划，提升干部把握大局、驾驭复杂局面的能力，深入把握全面推进乡村振兴的内涵和要求，不断提升干部履行职责的能力，积极更新"三农"干部观念。不断提高干部引领市场的能力，让领导干部真正重视市场、研究市场、运用市场，用好市场需求的导航灯。健全"三农"干部培养机制，建立以能力和成果为导向的评价机制，对不同类型和层次的干部实行分类评价，注重培养农村后备干部，利用周例会进行集中学习，系统学习省、市、县三级乡村振兴文件，不断熟悉乡村振兴工作业务和工作重点。新时代的乡村振兴需要更多有理想、有本领、有担当的年轻力量。要通过各种方式吸引和选拔优秀青年农民加入党组织，为乡村党员队伍注入新鲜血液，激发乡村发展的活力。培育乡村党员队伍是乡村振兴战略的重要保障，只有充实和壮大乡村党员队伍，发挥党员的先锋模范作用，才能更好地凝聚各方力量，推动矿粮复合区乡村振兴事业不断取得新的胜利。

附录 A

农户生计资本调查问卷

★★乡（镇）村：＿＿＿＿＿＿＿；问卷序号：＿＿＿＿＿＿＿

一、农户生计资本调研

（一）农户人力资本调查

1. 户主相关信息（填代码）

问题	代码	答案
与户主关系	1＝户主；2＝配偶；3＝子女；4＝父母；5＝祖父母；6＝孙子女；7＝兄弟姐妹；8＝媳妇女婿；9＝其他（请说明）＿＿＿＿	
户主性别	1＝男；0＝女	
户主婚姻状况	1＝已婚；2＝未婚；3＝离婚；4＝丧偶；5＝同居	
户主实际年龄		

2. 家庭总情况

问题		问题	
①家庭人口情况			
家庭总人口		男	
劳动力		女	
②家庭成员健康状况			
一般（慢性疾病：高血压、血脂异常、血糖异常、肝肾胃病）		残疾（残疾证）	

续表

问题		问题	
健康		有重大疾病（恶行肿瘤、神经或精神疾病）	

③年龄结构

（小学）6～12 岁		61～75 岁	
（初高中）13～18 岁		75 岁以上	
19～60 岁			

④家庭主要劳动力受教育程度

从未上过学		高中/中专	
小学		大专及以上	
初中			

⑤家庭成员技能掌握情况

拥有农业技能		拥有个体户经营技能	
拥有务工技能		拥有其他技能	

（二）农户自然资本调查

3. 您家土地面积情况

土地类型	拥有土地总面积	实际耕地面积	其中：耕地/水田	林地	园地	鱼塘	荒地	转入土地	转出土地
数量（亩）									

4. 是否拿到"农村土地承包经营权证"或"不动产权证书"_____　A. 是　B. 否

5. 是否拿到"林权证"_____　A. 是　B. 否

6. 您所在区域干旱/洪涝等自然灾害发生的频率_____

A. 和 5 年前比少了　　B. 和 5 年前差不多　　C. 和 5 年前比多了

（三）农户物质资本调查

7. 您的住房情况（在空格内勾选）

类型	2018 年前	近 5 年（现在）
平房（一层）		
独栋楼房		
独院		
商品房		
住房结构	2018 年前	近 5 年（现在）
木质结构		
砖、木结构		
砖、混凝土结构		
混凝土结构		

★★宅基地总面积（平方米）：

8. 生活设备状况（请在空格内填写拥有个数）

类型	数量	类型	数量	类型	数量
汽车		微波炉/消毒柜		电冰箱	
摩托车/电动车		热水器		洗衣机	
自行车		煤气/天然气灶		智能手机	
抽油烟机		空调		计算机/电视机	

9. 养殖业情况（请在空格内填写拥有数量）

种类	数量	种类	数量
牛（头）		鱼（亩）	
马/驴/骡（匹）		猪（头）	
鸡/鸭/鹅（只）		蜜蜂（箱）	

（四）农户金融资本调查

10. 家庭成员经济收入情况

类型	收入来源	5 年前（元/年）	近 1 年（元/年）
农业收入	种植业		
	林业		
	养殖业/畜牧业		
	农民专业合作社		
	总收入		
非农业收入	第二产业（采矿、制造、手工）		
	第三产业（农林服务、旅游、餐饮）		
	其他（退休金/养老金、土地流转、分红）		
	总收入		
家庭总收入			
人均收入			

11. 急需用钱时是否有途径借钱渡过难关_____（A. 有

B. 无），若有，融资渠道主要来源于_____

（A. 银行　B. 信用社　C. 民间借贷机构　D. 亲戚朋友　E. 政府提供的扶贫贴息贷款　F. 其他渠道）

12. 您的家庭是否有获得政府补贴（A. 有　B. 无），若有，主要有哪些?

政府补贴	元/年
地力补贴	
农林渔业补贴	
生态林补贴	
精准扶贫政策	
生态保护/补偿补贴	
其他_____	

（五）农村社会资本调查

13. 您的家属或与您家联系密切的亲戚朋友中，有多少家在城镇里生活？_____

A. 0 户　　B. 1~5 户　　C. 5~10 户　　D. 10 户以上

14. 您的家人或亲戚中有无村委或县（乡）政府工作人员（比如村支书/村主任；村委委员；村小组长；政府部门）？_____

A. 有，共有_____人　　B. 没有

15. 如果急需用钱，您可以找多少人借钱？_____

A. 0 户　　B. 1~5 户　　C. 5~10 户　　D. 10 户以上

16. 您的家庭成员在过去 1 年里参与过的社区组织个数

组织类型	勾选
村党组织	
村民自治组织	
村集体经济合作组织	
生产小组	

续表

组织类型	勾选
兴趣娱乐小队	
其他_____	
★★总个数	_____个

17. 您的家庭成员近 1 年有获得技能培训的机会吗？（A. 有 B. 无）若有，主要有哪些？

培训类型	第一产业技能培训	第二产业技能培训	第三产业技能培训	★★总共次数
勾选				

（六）家庭生计情况调查

18. 家庭成员从事的行业变化情况

序号	问题	代码	答案
1	您的家庭成员在 2018 年前从事哪些行业？（多选）	1 = 农业；2 = 第二产业（采矿、制造、手工）；3 = 第三产业（农林服务、旅游、餐饮）；4 = 其他_____	
2	您的家庭成员近 5 年从事哪些行业？（多选）	1 = 农业；2 = 第二产业（采矿、制造、手工）；3 = 第三产业（农林服务、旅游、餐饮）；4 = 其他_____	
3	您对当前的生计方式是否满意	1 = 是，跳至 5；2 = 否	
4	不满意的原因有哪些（可多选）	1 = 收入低；2 = 工作不稳定；3 = 工作太辛苦；4 = 土壤质量过低；5 = 产量较低；6 = 其他_____	
5	将来是否有调整自己生计方式的计划	1 = 是；2 = 否，跳至 8	

续表

序号	问题	代码	答案
6	您将从事的新的生计活动是什么？	1 = 农业；2 = 第二产业（采矿、制造、手工）；3 = 第三产业（农林服务、旅游、餐饮）；4 = 其他＿＿＿＿＿	
7	您从事新的生计活动时需要什么帮助？（可多选）	1 = 技能培训；2 = 资金支持；3 = 提供就业信息；4 = 政策优惠；5 = 法律援助；6 = 其他＿＿＿	
8	不愿意调整生计方式的原因有哪些？（可多选）	1 = 年龄较大；2 = 缺乏技术；3 = 缺少资金；4 = 缺少经验；5 = 风险大；6 = 其他＿＿＿＿	

（七）矿产资源开采对当地的影响调查

19. 矿产企业对当地的影响调查

序号	问题	单位/选择	答案
1	所在地区的农地/林地是否受到矿产企业的污染？	1 = 是；2 = 否，跳至4	
2	如果受到污染，矿企/政府是否有进行补偿？	1 = 是，具体有什么补偿＿＿＿＿＿；2 = 否	
3	所在地区的水源是否受到矿产企业的污染？	1 = 是；2 = 否，跳至（八）	
4	如果受到污染，矿企/政府是否有进行补偿？	1 = 是，具体有什么补偿＿＿＿＿＿；2 = 否	

（八）乡村振兴战略成效调查

20. 您对当地政策（乡村振兴战略、农业补贴、精准扶贫等政策）的关注度（　　　）

A. 几乎不关注　B. 偶尔关注　C. 经常关注

21. 您所在的地方是否有丰富的农村文化活动或传统节日？

（A. 有　　B. 没有）

22. 您对当地传统建筑、民风民俗等传统文化的了解程度（　　）

A. 非常了解　B. 比较了解　C. 一般　D. 了解较少　E. 完全不了解

23. 在旅游经营过程中对当地特色建筑和文化的运用程度（如建设党的红色教育馆、传统建筑等）（　　）

A. 运用非常多　B. 运用较多　C. 一般　D. 运用较少　E. 完全不运用

24. 您对当地政策的满意度（　　）

A. 满意　B. 较满意　C. 较不满意　D. 不满意

25. 与前 5 年相比，您家的变化情况（在对应选项空格内打勾）

项目	A. 显著提高	B. 略有提高	C. 没有变化	D. 略有降低	E. 显著降低
福利（教育/医疗）水平					
娱乐丰富度					
就业机会					
生态保护意识					

26. 与前 5 年相比，当前所在乡村地区的变化情况（在对应选项空格内打勾）

项目	A. 显著提高	B. 略有提高	C. 没有变化	D. 略有降低	E. 显著降低
交通基础设施建设情况					

项目	A. 显著提高	B. 略有提高	C. 没有变化	D. 略有降低	E. 显著降低
农产品销售渠道的改善					
农业技术和种植方式的改进					
农村旅游业的发展					
政府扶持和资金投入					
生态环境发展情况					
乡村自治组织的建设情况					

27. 您家近 5 年农药、化肥、农家肥使用量的变化（在对应选项空格内打勾）

类型	A. 显著提高	B. 略有提高	C. 没有变化	D. 略有降低	E. 显著降低
农药					
化肥					
有机肥					

（九）农户生产生活环境与态度

28. 农户生产生活环境与态度

序号	问题	单位/选择	答案
1	您村目前对生活垃圾是否进行统一处理？	1 = 是；2 = 否；3 = 不知道	

序号	问题	单位/选择	答案
2	您对当前通村组道路、入户道路的路面条件满意吗？（考虑泥泞、出行不便等因素）	1 = 非常不满意；2 = 不太满意；3 = 一般；4 = 满意；5 = 非常满意	
3	农业生产过程是否产生农药包装物？	1 = 是；2 = 否	
4	若是：您如何处置农药包装物？（可多选）	1 = 就地掩埋；2 = 集中填埋；3 = 焚烧；4 = 回收至固定点；5 = 回收至农资市场；6 = 随地丢弃；7 = 其他（请说明）_____	
5	您认为农药包装物的危害在于？（可多选）	1 = 破坏了土壤；2 = 影响了农作物产量；3 = 污染了环境；4 = 其他（请说明）_____	
6	您家耕地是否属于耕地轮作试点？（国家要求同一块耕地，轮换种植不同作物，以改善土壤质量）	1 = 是，具体有什么作物_____；2 = 否	
7	您家有几亩地进行耕地轮作？	_____亩	
8	总体而言，您对您本村的生活环境感到满意吗？	1 = 非常不满意；2 = 不太满意；3 = 一般；4 = 满意；5 = 非常满意	

附录 B

指标权重确定调查问卷

尊敬的专家：

您好，我们是仲恺农业工程学院经贸学院研究生。为了深入了解当前的农户生计和生态环境状况，对大家平日的生产经营和基本生活情况，特进行有关可持续生计指标权重确定的调查活动，请您认真并真实地回答下面的问题，以便本小组探讨解决问题的方法，为建设社会主义新农村出谋划策。

您的观点和意见对研究至关重要，恳请您能根据您的经验及认识，在认真思考后做出选择。

衷心感谢您的支持！

经贸学院研究生

2023 年　　　月　　　日

一、基本信息

1. 您的性别：①男　②女

2. 您的学历：①初中及初中以下　②高中或中专　③大学或大专　④硕士　⑤博士

3. 您的工作单位：

①政府机关　②高校或科研单位　③科研院所　④行业企业⑤乡土人士

4. 您参加工作已有＿＿＿＿＿＿＿年

①2 年以下　②2～5 年　③5～10 年　④10～15 年　⑤15

年以上

二、指标权重确定调查

说明：如果左边列中的项与右边列中的项相比同等重要，就请选"1"；如果左边列中的项比右边列中的项稍微重要，就请选左边的"3"；如果是左边列中的项比右边列中的项明显重要，就请选左边的"5"；如果是左边列中的项比右边列中的项强烈重要，就请选左边的"7"；如果是左边列中的项比右边列中的项极端重要，就请选左边的"9"；"2""4""6""8"则为两相邻判断的中值。对应地，如果是右边列中的项比左边列中的项稍微重要、明显重要、强烈重要和极端重要，就请选择右边对应的数字。

请您认真思考后，在您认为合适的数字上面画"○"。

注：专业名词解释。

①人力资本：指人们为了追求不同的生计策略和实现生计目标而拥有的技能、知识、劳动能力和健康等。

②自然资本：指人们的生计所依靠的自然资源的储存和流动，包括生物多样性、可直接利用的资源（如土地、树木等）以及生态服务。

③物质资本：指维持生计所需的基础设施以及生产用具。

④金融资本：指流动资金、储备资金以及容易变现的等价物等。

⑤社会资本：指各种社会资源，如社会关系网和社会组织（宗教组织、亲朋好友和家族等），包括垂直的（与上级或领导的关系）或横向的（具有共同利益的人）社会联系。

⑥生计资本：指人们为谋生而必须具有的能力和资源。

1. 针对人力资本来讲，您认为农户的劳动力规模、文化水平、身体健康状况、职业技能哪一个影响更大？

人力资本	重要程度																	人力资本
	←															→		
	极端	强烈		明显		稍微		同等		稍微		明显		强烈		极端		
劳动力规模	9	8	7	6	5	4	3	2	1	2	3	4	5	6	7	8	9	文化水平
劳动力规模	9	8	7	6	5	4	3	2	1	2	3	4	5	6	7	8	9	身体健康状况
劳动力规模	9	8	7	6	5	4	3	2	1	2	3	4	5	6	7	8	9	职业技能
文化水平	9	8	7	6	5	4	3	2	1	2	3	4	5	6	7	8	9	身体健康状况
文化水平	9	8	7	6	5	4	3	2	1	2	3	4	5	6	7	8	9	职业技能
身体健康状况	9	8	7	6	5	4	3	2	1	2	3	4	5	6	7	8	9	职业技能

2. 针对自然资本来讲，您认为农户拥有的耕地面积、林地面积、园地鱼塘面积哪一个影响更大？

自然资本	重要程度																	自然资本
	←															→		
	极端	强烈		明显		稍微		同等		稍微		明显		强烈		极端		
耕地面积	9	8	7	6	5	4	3	2	1	2	3	4	5	6	7	8	9	林地面积
耕地面积	9	8	7	6	5	4	3	2	1	2	3	4	5	6	7	8	9	园地、鱼塘面积
林地面积	9	8	7	6	5	4	3	2	1	2	3	4	5	6	7	8	9	园地、鱼塘面积

3. 针对物质资本来讲，您认为农户的养殖牲畜数量、住房面积、住房情况、家庭耐用品数量和交通工具哪一个影响更大？

物质资本	重要程度																	物质资本
	←															→		
	极端	强烈		明显		稍微		同等		稍微		明显		强烈		极端		
养殖牲畜数量	9	8	7	6	5	4	3	2	1	2	3	4	5	6	7	8	9	住房面积
养殖牲畜数量	9	8	7	6	5	4	3	2	1	2	3	4	5	6	7	8	9	住房情况

续表

物质资本	重要程度									物质资本
	极端	强烈	明显	稍微	同等	稍微	明显	强烈	极端	
养殖牲畜数量	9 8	7 6	5 4	3 2	1	2 3	4 5	6 7	8 9	家庭耐用品数量
养殖牲畜数量	9 8	7 6	5 4	3 2	1	2 3	4 5	6 7	8 9	交通工具
住房面积	9 8	7 6	5 4	3 2	1	2 3	4 5	6 7	8 9	住房情况
住房面积	9 8	7 6	5 4	3 2	1	2 3	4 5	6 7	8 9	家庭耐用品数量
住房面积	9 8	7 6	5 4	3 2	1	2 3	4 5	6 7	8 9	交通工具
住房情况	9 8	7 6	5 4	3 2	1	2 3	4 5	6 7	8 9	家庭耐用品数量
住房情况	9 8	7 6	5 4	3 2	1	2 3	4 5	6 7	8 9	交通工具
家庭耐用品数量	9 8	7 6	5 4	3 2	1	2 3	4 5	6 7	8 9	交通工具

4. 针对金融资本来讲，您认为家庭总收入、现金信贷机会、现金援助机会哪一个影响更大？

金融资本	重要程度									金融资本
	极端	强烈	明显	稍微	同等	稍微	明显	强烈	极端	
家庭总收入	9 8	7 6	5 4	3 2	1	2 3	4 5	6 7	8 9	现金信贷机会
家庭总收入	9 8	7 6	5 4	3 2	1	2 3	4 5	6 7	8 9	现金援助机会
现金信贷机会	9 8	7 6	5 4	3 2	1	2 3	4 5	6 7	8 9	现金援助机会

5. 针对社会资本来讲，您认为在政府或村企业工作的亲友、参与社会活动和组织、亲友的帮助，技术帮助哪一个影响更大？

社会资本	重要程度									社会资本
	← 极端	强烈	明显	稍微	同等	稍微	明显	强烈	极端 →	
在政府或村企业工作的亲友	9 8	7 6	5 4	3 2	1	2 3	4 5	6 7	8 9	参与社会活动和组织
在政府或村企业工作的亲友	9 8	7 6	5 4	3 2	1	2 3	4 5	6 7	8 9	亲友的资金帮助
在政府或村企业工作的亲友	9 8	7 6	5 4	3 2	1	2 3	4 5	6 7	8 9	技术帮助
参与社会活动和组织	9 8	7 6	5 4	3 2	1	2 3	4 5	6 7	8 9	亲友的帮助
参与社会活动和组织	9 8	7 6	5 4	3 2	1	2 3	4 5	6 7	8 9	技术帮助
亲友的帮助	9 8	7 6	5 4	3 2	1	2 3	4 5	6 7	8 9	技术帮助

6. 针对政策资本来讲，您认为政策补贴、政策关注度、政策满意度哪一个影响更大？

政策资本	重要程度									政策资本
	← 极端	强烈	明显	稍微	同等	稍微	明显	强烈	极端 →	
政策补贴	9 8	7 6	5 4	3 2	1	2 3	4 5	6 7	8 9	政策关注度
政策补贴	9 8	7 6	5 4	3 2	1	2 3	4 5	6 7	8 9	政策满意度
政策关注度	9 8	7 6	5 4	3 2	1	2 3	4 5	6 7	8 9	政策满意度

7. 针对文化资本来讲，您认为文化认知度、文化运用度哪一个影响更大？

文化资本	重要程度									文化资本
	← 极端	强烈	明显	稍微	同等	稍微	明显	强烈	极端 →	
文化认知度	9 8	7 6	5 4	3 2	1	2 3	4 5	6 7	8 9	文化运用度

参 考 文 献

[1] 蔡洁, 马红玉, 夏显力. 集中连片特困区农地转出户生计策略选择研究——基于六盘山的微观实证分析 [J]. 资源科学, 2017, 39 (11): 2083 - 2093.

[2] 曹红军. 浅评 DPSIR 模型 [J]. 环境科学与技术, 2005 (S1): 110 - 111, 126.

[3] 曹树余. 基于农村休闲旅游下农户生计转型研究 [D]. 天津: 天津工业大学, 2018.

[4] 陈厚基. 持续农业与农村发展: SARD 的理论与实践 [M]. 北京: 中国农业科技出版社, 1994.

[5] 陈佳, 张丽琼, 杨新军, 等. 乡村旅游开发对农户生计和社区旅游效应的影响——旅游开发模式视角的案例实证 [J]. 地理研究, 2017, 36 (9): 1709 - 1724.

[6] 陈晓勇, 杨俊, 宋振江, 等. 矿区农户家庭贫困精准识别及脱贫路径研究——以江西省典型矿区域为例 [J]. 中国发展, 2017, 17 (4): 51 - 56.

[7] 陈秧分, 刘彦随, 杨忍. 基于生计转型的中国农村居民点用地整治适宜区域 [J]. 地理学报, 2012, 67 (3): 420 - 427.

[8] 陈卓, 吴伟光. 浙江省集体林区农户生计策略选择及其影响因素研究 [J]. 林业经济评论, 2014, 4 (1): 121 - 128.

[9] 陈卓, 续竞秦, 吴伟光. 集体林区不同类型农户生计资本差

异及生计满意度分析 [J]. 林业经济，2014，36（8）：36 - 41.

[10] 丁旭辉. 基于 AHP 层次分析法的山东省医药制造业竞争力分析 [D]. 景德镇：景德镇陶瓷大学，2022.

[11] 冯绍元，齐志明，黄冠华，等. 清、污水灌溉对冬小麦生长发育影响的田间试验研究 [J]. 灌溉排水学报，2003，22（3）：11 - 14.

[12] 弗里德曼. 中国东南的宗族组织 [M]. 刘晓春，译. 上海：上海人民出版社，2000.

[13] 傅斌，王玉宽，徐佩，等. 农户生计与生态系统服务耦合关系研究进展 [J]. 生态经济，2017，33（1）：142 - 145，151.

[14] 郭婉莹. 资源型乡村旅游开发与农户生计转型研究 [D]. 南昌：江西财经大学，2022.

[15] 郭秀丽. 农户生计策略转型及其效应研究综述 [J]. 天津中德应用技术大学学报，2022（1）：91 - 96.

[16] 郭远智，周扬，刘彦随. 贫困地区的精准扶贫与乡村振兴：内在逻辑与实现机制 [J]. 地理研究，2019，38（12）：2819 - 2832.

[17] 韩广富，辛远. 乡村振兴背景下农民农村实现共同富裕路径研究 [J]. 贵州师范大学学报（社会科学版），2023（4）：47 - 57.

[18] 何仁伟，方方，刘运伟. 贫困山区农户人力资本对生计策略的影响研究：以四川省凉山彝族自治州为例 [J]. 地理科学进展，2019，38（9）：1282 - 1293.

[19] 何植民，蓝玉娇. 构建精准脱贫可持续性评估体系 [N]. 中国社会科学报，2020 - 12 - 15（004）.

[20] 贺爱琳，杨新军，陈佳，等．乡村旅游发展对农户生计的影响——以秦岭北麓乡村旅游地为例 [J]．经济地理，2014，34（12）：174－181.

[21] 侯明利．生计策略对农户土地流转与非农就业的影响 [J]．江西财经大学学报，2023（5）：104－114.

[22] 胡振琪，李晶，赵艳玲．矿产与粮食复合主产区环境质量和粮食安全的问题、成因与对策 [J]．科技导报，2006，24（3）：21－25.

[23] 胡振琪，骆永明．关于重视矿－粮复合区环境质量与粮食安全问题的建议 [J]．科技导报，2006（3）：93－94.

[24] 黄冠华，杨建国，黄权中．污水灌溉对草坪土壤与植株氮含量影响的试验研究 [J]．农业工程学报，2002，18（3）：22－25.

[25] 黄龙俊江．农地转入户生计资本对生计策略的影响研究 [D]．湛江：广东海洋大学，2022.

[26] 吉冬青，文雅，魏建兵，等．流溪河流域土地利用景观生态安全动态分析 [J]．热带地理，2013，33（3）：299－306.

[27] 纪金雄，洪小燕，雷国铨．多源扰动、生计资本与茶农生计转型研究 [J]．林业经济问题，2021，41（3）：328－336.

[28] 贾国平，朱志玲，王晓涛，等．移民生计策略变迁及其生态效应研究——以宁夏红寺堡区为例 [J]．农业现代化研究，2016，37（3）：505－513.

[29] 黎洁，李亚莉，邰秀军，等．可持续生计分析框架下西部贫困退耕山区农户生计状况分析 [J]．中国农村观察，2009（5）：29－38，96.

[30] 黎启燃，刘辉．基于景观结构的土地利用生态风险分析 [J]．福州大学学报（自然科学版），2014，42（1）：62－69.

[31] 李翠珍，徐建春，孔祥斌．大都市郊区农户生计多样化及对

土地利用的影响——以北京市大兴区为例 [J]. 地理研究，2012，31（6）：1039－1049.

[32] 李广东，邱道持，王利平，等. 生计资产差异对农户耕地保护补偿模式选择的影响——渝西方山丘陵不同地带样点村的实证分析 [J]. 地理学报，2012，67（4）：504－515.

[33] 李晶，胡振琪，李立平. 中国典型市域煤粮复合区耕地损毁及其影响 [J]. 辽宁工程技术大学学报（自然科学版），2008（1）：148－151.

[34] 李升发，李秀彬，辛良杰，等. 中国山区耕地撂荒程度及空间分布——基于全国山区抽样调查结果 [J]. 资源科学，2017，39（10）：1801－1811.

[35] 李伟峰. 资源型乡村实现乡村振兴的现实困境与突破路径 [J]. 学习与探索，2021（2）：62－68.

[36] 李宪宝，高强. 行为逻辑、分化结果与发展前景——对1978年以来我国农户分化行为的考察 [J]. 农业经济问题，2013，34（2）：56－65，111.

[37] 李园园. 矿粮复合区农田生态系统健康评价 [D]. 焦作：河南理工大学，2011.

[38] 李赞红，阎建忠，花晓波，等. 不同类型农户撂荒及其影响因素研究——以重庆市12个典型村为例 [J]. 地理研究，2014，33（4）：721－734.

[39] 梁流涛，曲福田，诸培新，等. 不同兼业类型农户的土地利用行为和效率分析——基于经济发达地区的实证研究 [J]. 资源科学，2008（10）：1525－1532.

[40] 林恩惠，修新田，郭进辉，等. 基于SD和DPSIR模型的湿地公园旅游环境承载力模拟研究——以闽江河口国家湿地公园为例 [J]. 林业经济，2017，39（6）：32－37.

[41] 刘晨芳. 乡村振兴背景下土地整治对农户生计转型及其效应的影响研究 [D]. 武汉：华中农业大学，2019.

[42] 刘自强，李静，董国皇，等. 农户生计策略选择与转型动力机制研究：基于宁夏回族聚居区 451 户农户的调查数据 [J]. 世界地理研究，2017，26（6）：61 – 72.

[43] 鲁金萍. 广义"资源诅咒"的理论内涵与实证检验 [J]. 中国人口·资源与环境，2009，19（1）：133 – 138.

[44] 陆继霞，Anna Lora-Wainwright. 铅锌矿开发对矿区农户可持续生计的影响 [J]. 贵州社会科学，2014（8）：107 – 111.

[45] 吕俊彪. "靠海吃海"生计内涵的演变——广西京族人生计方式的变迁 [J]. 东南亚纵横，2003（10）：52 – 56.

[46] 罗康隆，杨曾辉. 生计资源配置与生态环境保护——以贵州黎平黄岗侗族社区为例 [J]. 民族研究，2011（5）：33 – 41.

[47] 罗明东. 四川阿坝州农户可持续生计问题及对策研究 [D]. 成都：四川农业大学，2022.

[48] 罗洋. 基于 AHP – 熵权法的综合能源系统多指标评价研究 [D]. 北京：华北电力大学，2021.

[49] 马聪，刘黎明，袁承程，等. 快速城镇化地区农户生计资本分化特征及其对生计策略的影响——以上海市青浦区为例 [J]. 农业现代化研究，2018，39（2）：316 – 324.

[50] 马琳玥. 共同富裕目标下推进乡村振兴战略的路径探析 [J]. 智慧农业导刊，2023，3（12）：165 – 168.

[51] 戚兴宇，韩松言. 乡村振兴背景下凉山彝族自治州脱贫人口生计策略选择的特征、风险与优化 [J]. 民族论坛，2023（1）：110 – 122.

[52] 仇叶. 乡村旅游产业的过密化及其对乡村振兴的影响——对

乡村产业振兴路径的反思 [J]. 贵州社会科学，2020 (12)：155 - 162.

[53] 钱鸣高，缪协兴，许家林. 资源与环境协调（绿色）开采 [J]. 煤炭学报，2007，32 (1)：1 - 7.

[54] 汝信，陆学艺，李培林. 2005 年：中国社会形势分析与预测 [M]. 北京：社会科学文献出版社，2004.

[55] 邵景安，张仕超，李秀彬. 山区耕地边际化特征及其动因与政策含义 [J]. 地理学报，2014，69 (2)：227 - 242.

[56] 石浩朋. 基于景观结构的城乡结合部区域生态风险分析 [D]. 泰安：山东农业大学，2013.

[57] 石若晗，陈佳，唐红林，等. 石羊河流域农户生计脆弱性测度及致脆机理 [J]. 水土保持研究，2023，30 (6)：386 - 395，405.

[58] 宋振江，杨俊，李争. 基于层次分析法的矿粮复合区生态环境影响评价——以相山铀矿为例 [J]. 湖北民族学院学报（自然科学版），2015，33 (3)：355 - 360.

[59] 宋振江，杨俊，李争. 矿粮复合区耕地保护的外部性分析——以二元经济结构为视角 [J]. 中国土地，2016 (11)：25 - 26.

[60] 苏芳，蒲欣冬，徐中民，等. 生计资本与生计策略关系研究——以张掖市甘州区为例 [J]. 中国人口·资源与环境，2009，19 (6)：119 - 125.

[61] 苏芳. 乡村振兴背景下农户旅游生计转型对生计能力的影响研究 [J]. 贵州社会科学，2023 (2)：144 - 153.

[62] 苏芳，徐中民，尚海洋. 可持续生计分析研究综述 [J]. 地球科学进展，2009 (1)：61 - 69.

[63] 孙晗霖，刘新智，张鹏瑶. 贫困地区精准脱贫户生计可持续

及其动态风险研究 [J]. 中国人口·资源与环境, 2019, 29 (2): 145 - 155.

[64] 孙曦亮. 矿区可持续农业与农村发展研究及其规划应对 [D]. 西安: 西北大学, 2019.

[65] 唐红林, 陈佳, 刘倩, 等. 生态治理下石羊河流域农户生计转型路径、效应及机理 [J]. 地理研究, 2023, 42 (3): 822 - 841.

[66] 唐亮, 杜婵, 邓茗尹. 组织扶贫与组织振兴的有机衔接: 现实需求、困难及实现路径 [J]. 农村经济, 2021 (1): 111 - 118.

[67] 涂丽. 生计资本、生计指数与农户的生计策略: 基于 CLDS 家户数据的实证分析 [J]. 农村经济, 2018 (8): 76 - 83.

[68] 完颜素娟. 浅述自然资本及其基本特征 [J]. 商场现代化, 2009 (33): 40 - 42.

[69] 汪鸿波. 乡村振兴实践进程中农民的生计赋能逻辑 [J]. 华南农业大学学报 (社会科学版), 2023, 22 (4): 58 - 68.

[70] 王成超. 农户生计行为变迁的生态效应——基于社区增权理论的案例研究 [J]. 中国农学通报, 2010, 26 (18): 315 - 319.

[71] 王成超, 杨玉盛. 基于农户生计演化的山地生态恢复研究综述 [J]. 自然资源学报, 2011, 26 (2): 344 - 352.

[72] 王晗, 房艳刚. 山区农户生计转型及其可持续性研究——河北围场县腰站镇的案例 [J]. 经济地理, 2021, 41 (3): 152 - 160.

[73] 王蓉, 代美玲, 欧阳红, 等. 文化资本介入下的乡村旅游地农户生计资本测度——婺源李坑村案例 [J]. 旅游学刊, 2021, 36 (7): 56 - 66.

[74] 王三秀. 国外可持续生计观念的演进、理论逻辑及其启示 [J]. 毛泽东邓小平理论研究，2010（9）：79-84.

[75] 王文彬. 以县域经济高质量发展助推城乡融合 [J]. 当代县域经济，2023（5）：19-20.

[76] 王小玲. 实施乡村振兴战略的意义与重点 [J]. 居业，2019（12）：25-26.

[77] 王新歌，席建超，陈田. 社区居民生计模式变迁与土地利用变化的耦合协调研究：以大连金石滩旅游度假区为例 [J]. 旅游学刊，2017，32（3）：107-116.

[78] 王瑶. 乡村振兴背景下乡村产业融合路径研究 [J]. 智慧农业导刊，2023，3（10）：144-147.

[79] 王转弟，吴溪溪，马红玉. 中国情境下农户生计资本演化路径及未来趋势——基于知识图谱的可视化分析 [J]. 世界农业，2020（2）：33-41.

[80] 魏秀菊，胡振琪，付梅臣. 矿粮复合区采矿对水资源及粮食安全的影响 [J]. 金属矿山，2008（5）：129-134.

[81] 文丰安. 数字经济赋能乡村振兴：作用机理、现实困境与实践进路 [J]. 改革与战略，2023，39（4）：1-14.

[82] 吴丰华，李敏. 新时代中国乡村振兴：历史渊源与实施重点 [J]. 经济理论与政策研究，2018，28（5）：51-61.

[83] 吴诗嫚，祝浩，卢新海，等. 土地综合整治对农户生计恢复力的影响 [J]. 长江流域资源与环境，2023，32（11）：2431-2442.

[84] 吴燕红，曹斌，高芳，等. 滇西北农村生活能源使用现状及生物质能源开发利用研究——以兰坪县和香格里拉县为例 [J]. 自然资源学报，2008（5）：781-789.

[85] 武艳娟. 气候变化对宁夏农户生计的影响 [D]. 北京：中国

农业科学院，2008.

[86] 肖祥.国内外可持续生计理论研究及其在农村生态治理中的运用趋向 [J].云南农业大学学报（社会科学版），2017，11（3）：42-49.

[87] 谢雪莲，李会琴，陈嫣琳，等.国内农户可持续生计研究热点与趋势——基于 CiteSpace 的科学计量分析 [J].国土资源科技管理，2020，37（5）：83-93.

[88] 解红.基于层次分析法的输水隧洞风险评估方法的应用 [J].水利技术监督，2023（6）：223-228.

[89] 辛宗斐，吕晓，彭文龙，等.中国耕地利用集约化研究的热点与趋势——基于 CiteSpace 的知识图谱分析 [J].土壤通报，2020，51（4）：986-995.

[90] 熊鹰，申翠玲，尹建军，等.重点生态功能区农户生计对生态资源依赖性及其影响因素——以湖南省慈利县为例 [J].经济地理，2023，43（3）：188-197，239.

[91] 徐鹏，徐明凯，杜漪.农户可持续生计资产的整合与应用研究——基于西部 10 县（区）农户可持续生计资产状况的实证分析 [J].农村经济，2008（12）：89-93.

[92] 阎建忠，吴莹莹，张镱锂，等.青藏高原东部样带农牧民生计的多样化 [J].地理学报，2009，64（2）：221-233.

[93] 阎建忠，卓仁贵，谢德体，等.不同生计类型农户的土地利用——三峡库区典型村的实证研究 [J].地理学报，2010，65（11）：1401-1410.

[94] 杨浩，赵文宸豪，曾维忠.脱贫地区农户生计转型是否具有生态环境溢出效应？——基于碳排放视角的微观验证 [J].农村经济，2023（5）：77-88.

[95] 杨伦，刘某承，闵庆文，等.农户生计策略转型及对环境的

影响研究综述［J］.生态学报，2019，39（21）：8172－8182.

［96］杨世龙，赵文娟.可持续生计框架下农户生计与土地利用变化研究进展［J］.云南地理环境研究，2015，27（2）：37－42，70.

［97］杨云彦，赵锋.可持续生计分析框架下农户生计资本的调查与分析——以南水北调（中线）工程库区为例［J］.农业经济问题，2009（3）：58－65，111.

［98］叶琳.闲置宅基地流转中农户生计资本对政府权能满意度的影响研究［D］.南京：南京财经大学，2023.

［99］叶文丽，王银，吴孔森，等.黄土高原农户生计转型及其生态效应——以陕西省佳县为例［J］.生态学报，2023，43（6）：2323－2335.

［100］袁梁，张光强，霍学喜.生态补偿对国家重点生态功能区居民可持续生计的影响——基于"精准扶贫"视角［J］.财经理论与实践，2017，38（6）：119－124.

［101］袁小燕.山区不同生计类型农户的生态压力定量评估［D］.重庆：西南大学，2012.

［102］曾博妍.农村土地流转行为对农户生计资本的影响研究［D］.南昌：江西财经大学，2022.

［103］曾令芳，吴小亮.国外污水灌溉新技术［J］.节水灌溉，2002（3）：34.

［104］曾文强.多重力量作用下的生计转型与生态环境变化［D］.昆明：云南民族大学，2022.

［105］查贵锋，黄冠华，冯绍元，等.夏玉米污水灌溉时水分与氮素利用效率的研究［J］.农业工程学报，2003，19（3）：63－67.

［106］张佰林，孙丕苓，姜广辉，等.中国山区农村土地利用转
型及其对土地整治的政策启示（英文）［J］. Journal of Geo-
graphical Sciences，2019，29（10）：1713－1730.

［107］张迪.基于层次分析法的高校内部控制审计研究［D］.保
定：河北大学，2022.

［108］张芳芳，赵雪雁.我国农户生计转型的生态效应研究综述
［J］.生态学报，2015，35（10）：3157－3164.

［109］张敬轩.乡村振兴背景下高素质农民培育的实现路径［J］.
河南农业，2023（12）：50－51.

［110］张军以，井金宸，苏维词.乡村振兴下贵州民族村寨农户
生计转型机制与发展路径［J］.贵州民族研究，2022，43
（2）：138－143.

［111］张仕超，郑栋升，蒋佳佳.土地流转农户生计转型中生计
资本整合特征及效益［J］.农业工程学报，2018，34
（12）：274－281.

［112］张文娟.基于层次分析法的医疗设备招标采购影响因素研
究［J］.中国市场，2023（14）：192－196.

［113］张文龙.基于AHP－熵权法的绿色矿山建设综合评价［D］.鞍
山：辽宁科技大学，2018.

［114］张晓岚.数字经济助力乡村振兴的核心问题及对策建议
［J］.西南金融，2023（6）：95－106.

［115］张绪清.分配逻辑与贫困"再生"——乌蒙山矿区H村农
户的生计问题考量［J］.贵州社会科学，2014（3）：114－
120.

［116］张银银，马志雄，丁士军.失地农户生计转型的影响因素
及其效应分析［J］.农业技术经济，2017（6）：42－51.

［117］赵立娟，康晓虹，史俊宏.农地流转对农户生计转型影响

的实证分析［J］．中国农业资源与区划，2017，38（8）：158－162.

［118］赵林锁．西部民族地区生态文明建设探索——以临夏州为例［M］．兰州：甘肃人民出版社，2017.

［119］赵曼，张广科．失地农民可持续生计及其制度需求［J］．财政研究，2009（8）：36－38.

［120］赵文娟，杨世龙，王潇．基于 Logistic 回归模型的生计资本与生计策略研究——以云南新平县干热河谷傣族地区为例［J］．资源科学，2016，38（1）：136－143.

［121］赵小凤．数字经济赋能乡村文旅产业振兴的理论机理、现实困境与实现路径［J］．智慧农业导刊，2023，3（14）：109－112.

［122］赵小钥，周羿，韦英．乡村振兴背景下实现共同富裕的路径分析［J］．南方农机，2023，54（15）：119－122.

［123］赵晓霞，李晶，刘子上，等．矿－粮复合区采煤塌陷损毁耕地分级研究［J］．环境科学与技术，2014，37（7）：177－181，192.

［124］赵雪雁．地理学视角的可持续生计研究：现状、问题与领域［J］．地理研究，2017，36（10）：1859－1872.

［125］赵雪雁，张丽，江进德，等．生态补偿对农户生计的影响——以甘南黄河水源补给区为例［J］．地理研究，2013，32（3）：531－542.

［126］郑少锋．土地规模经营适度的研究［J］．农业经济问题，1998（11）：8－12.

［127］周凤．脱贫户生计资本对可持续生计水平的影响研究［D］．福州：福建农林大学，2022.

［128］周晓林，吴次芳，刘婷婷．基于 DEA 的区域农地生产效率

差异研究 [J]. 中国土地科学，2009，23（3）：60 – 65.

[129] 朱会义，李秀彬，辛良杰. 现阶段我国耕地利用集约度变化及其政策启示 [J]. 自然资源学报，2007，22（6）：907 – 915.

[130] Adam H N，Kjosavik D J，Shanmugaratnam N. Adaptation trajectories and challenges in the Western Ghats：A case study of Attappady，south India [J]. Journal of Rural Studies，2018，61：1 – 11.

[131] Alastair Orr. Adapting to Adjustment：Smallholder Livelihood Strategies in Southern Malawi [J]. World Development，2001，29（8）：1325 – 1343.

[132] Alwang J，Jansen H G P，Siegel P B，Pichon F. "Geographic-space，assets，livelihoods and well-being in rural Central America：empirical evidence from Guatemala，Honduras and Nicaragua"，IFPRI. Washington D. C. . DSGD Discussion. 2005. P. 26.

[133] Alwang J R，Jansen H G P，Siegel P B，et al. Geographic space，assets，livelihoods and well-being in rural Central America：empirical evidence from Guatemala，Honduras and Nicaragua [R]. 2006.

[134] Ansoms A，Mckay A. A quantitative analysis of poverty and livelihood profiles：the case of rural Rwanda [J]. Food Policy，2010，35（4）：584 – 598.

[135] Bhandari P B. Rural livelihood change? Household capital，community resources and livelihood transition [J]. Journal of Rural Studies，2013，32（10）：126 – 136.

[136] Chambers，R and R. Conway. Sustainable Livelihoods：Practical Concepts for the 21st Century [R]. IDS Discussion Paper，

1992: 296.

[137] Cramb R A, Purcell T, Ho T C S. Participatory assessment of rural livelihoods in the Central Highlands of Vietanam [J]. Agricultural System, 2004, 81: 255 – 272.

[138] Davd Rider Smith, Ann Gordon, Kate Meadows et al. Livelihood diversification in Uganda: patterns and determinants of change across two rural districts [J]. Food Policy, 2001 (26): 421 – 435.

[139] De Sherbinin A, VanWey L K, McSweeney K, et al. Rural household demographics, livelihoods and the environment [J]. Global Environmental Change, 2008, 18 (1): 38 – 53.

[140] Ellis, F. Rural livelihoods and diversity in development countries [M]. New York: Oxford University Press, 2000: 26 – 78.

[141] Ellis F, Kutengule M, Nyasulu A. Livelihoods and rural poverty reduction in Malawi [J]. World Development, 2003, 31 (9): 1495 – 1510.

[142] Escarcha J F, Lassa J A, Palacpac E P, et al. Livelihoods transformation and climate change adaptation: The case of smallholder water buffalo farmers in the Philippines [J]. Environmental Development, 2020, 33 (9): 100 – 468.

[143] Frank Ellis. Agrarian change and rising vulnerability in rural sub-Saharan Africa [J]. New Political Economy, 2006, 11 (3): 387 – 397.

[144] Frost P, Campbell B, Mutamba M, et al. In search of improved rural livelihoods in semi-arid regions through local management of natural resources: lessons from case studies in Zimbabwe [J]. World Development, 2007, 35 (11): 1961 – 1974.

［145］ Jeffrey Bury. Livelihoods in transition: transnational gold mining operations and local change in Cajamarca ［J］. Peru. The Geographical Journal, 2004, 170 (1): 78 – 91.

［146］ Kates R W, Clark W C, Corell R. Sustainability Science ［J］. Science, 2001, 292 (5517): 641 – 642.

［147］ Liu Z F, Chen Q R, Xie H L. Influence of the Farmer's Livelihood Assets on Livelihood Strategies in the Western Mountainous Area, China ［J］. Sustainability, 2018, 10 (3): 875 – 886.

［148］ Liu Z X, Liu L M. Characteristics and driving factors of rural livelihood transition in the east coastal region of China: A case study of suburban Shanghai ［J］. Journal of Rural Studies, 2016, 43 (2): 145 – 158.

［149］ Mariella Marzano. Rural livelihoods in Sri Lanka: an indication of poverty? ［J］. Journal of International Development, 2002, 14 (6): 817 – 828.

［150］ Naidu S C. Access to benefits from forest commons in the Western Himalayas ［J］. Ecological Economics, 2011, 71 (8): 202 – 210.

［151］ Scoones. Sustainable livelihood: a framework for analysis. Brighton, 1998, IDS: 1 – 100.

［152］ Zhang J, Mishra A K, Zhu P. Identifying livelihood strategies and transitions in rural China: Is land holding an obstacle? ［J］. Land Use Policy, 2019, 80 (3): 107 – 117.

后　　记

　　矿粮复合区是可提供粮食供给和矿产资源开发的重叠复合区域，同时具备农业生产和矿产开采双重功能，在自然环境和产业发展格局上形成特殊区域。本书是教育部人文社会科学研究课题"乡村振兴背景下矿粮复合区农户生计转型及生态效应研究"（21YJC630069）的主要成果之———乡村振兴背景下对矿粮复合区农户生计现状及转型路径开展研究。

　　课题自立项以来，课题组成员密切合作，广泛参与文献搜集，农户调查，镇政府、村集体访谈，学术交流等工作，对粤北典型矿粮复合区进行了深入调研，评估当地农户生计资本现状以及分析当地农户生计转型的影响因素，探讨了该区域农户升级转型的机制及生态效应，为乡村振兴不同类型乡村特征"对症下药"提供了一定的参考方案。

　　本书出版得到教育部人文社会科学项目和仲恺农业工程学院粤港澳大湾区农产品流通研究中心的资助，以及仲恺农业工程学院经贸学院和相关职能部门的鼎力支持，在此深表谢意！在前期调研工作中感谢韶关市南雄县与仁化县县委组织部和调研各乡镇的大力支持；感谢张典、刘陈倩瑜、阮子溥、何金娟、张睿安、陆神通、周炜智、朱莹敏、陈颖华和陈诗怡在农户调查、数据处理和部分章节撰写方面的突出贡献，感谢经济科学出版社编辑老师对书稿的修改和完善。由于时间仓促，本书还有很多尚待完善之处，敬请批评指正。

李　争

2024 年 2 月 15 日